L'amour dans la vie des gens

DU MÊME AUTEUR

Fonelle et ses amis, *Nil, 2002*
Le plus jeune métier du monde, *Nil, 1999*
Sacré Paul, *Nil, 1995, prix du Premier roman*

Sophie Fontanel

L'amour dans la vie des gens

Stock

L'avis des hommes du poste est unanime. Le voyage par terre est impossible.

Blaise Cendrars, *L'Or*

À Charles Juliet.

J'écris : « Mon amour, vous m'avez fait passer une année merveilleuse. Quand je vous ai rencontré, j'étais quelqu'un qui se protégeait. Bien malin qui aurait pu m'approcher, sauf quand vraiment j'avais à me prouver que j'étais une femme. Vous, vous m'avez bouleversée. Pour moi, toute cette histoire est de l'amour d'un bout à l'autre. Vos beaux yeux quand nous avons dansé ensemble. L'intrépidité que vous tenez enfouie en vous. Votre affolement au moindre contact. Votre tendresse dont je vois bien qu'elle est assoiffée. Votre solitude. À cause de tout ça, j'ai eu la foi du charbonnier. Je chérissais vos peurs parce que ça venait de vous, c'était plus profondément vous que tous les comportements de surface. Et là, je ne peux plus. Je réalise qu'il y a sûrement de belles choses dans votre vie pour que vous ayez des scrupules à la déstabiliser. Et qu'est-ce que j'en sais, moi, de l'amour dans la vie des gens ? De ce qu'aimer représente pour vous, et aussi comme danger. Mais vous êtes trop loin. Je me sens décalée. Si vous êtes là, il faut me le dire. Maintenant. » Ça l'émeut, il m'invite à dîner. Mais le soir, il a eu le temps de redevenir quelqu'un qui ne peut pas se permettre de recevoir une telle lettre, et à peine assis il me dit : « Il faut qu'on dîne vite parce que, après, moi, j'ai autre chose. »

Admettre que, certaines personnes, l'amour qu'on leur porte les émeut. Mais que c'est peut-être leur maximum.

Éradiquer chez moi, partout où je la vois, ma crédulité.

Quand on me dit « Je t'aime », c'est vrai que, moi, je le crois.

Oui, mais pour ceux qui remarquent ce genre de choses : cet attroupement d'enfants, sur une pelouse où les garçons forment un cercle. La petite fille est au centre. Aucune balle n'est lancée, personne ne court après personne. Pourtant une tension terrible, et la petite fille, centrale, est sur le qui-vive. Un des enfants, aux parents qui approchent : « On joue à dire “Je t’aime” en y croyant. »

Alors.

Et celui-ci, qui se jette au cou d’une femme un soir en lui disant qu’il l’aime. Il est effrayé de la voir s’ouvrir aussitôt, bourrée de foi, alors que lui faisait ça comme le gamin qui tapote un code au hasard et qui, le premier surpris, entend le déclic inattendu.

Ou la confidence d’une amie : « Je leur dis à tous que je les aime, sinon ça part en couilles. »

Ou tout content parce qu’il a déclaré à une fille : « Je t’aime. Non, je déconne ! »

L’utilisation qu’ils font de tout.

« Mets les choses positives au début », on me conseille. Pour s’assurer qu’elles soient lues.

Ils me découragent avec leurs confidences, et après il faudrait que je ne sois pas découragée ?

Et pourquoi c'est à moi qu'ils viennent se livrer, alors qu'ils savent très bien que moi c'est plutôt la poésie, et que je suis une artiste ?

Je suis une artiste.

Matisse, à trente-six ans, termine sa période d'apprentissage. Je n'ai pas tant de retard que ça.

On me dit : « Attends, tu vas pas comparer. Atterris. »

Elle prend ses désirs pour des réalités.

Comme en amour, où elle ne sait pas juger.

Ils me trouvent pourtant bien assez à leur goût, dès qu'il s'agit de les écouter pendant des heures, d'élever le débat qu'ils plombent toujours, même sur l'amour.

Ma sensibilité leur pose moins problème quand c'est ce qui permet de les comprendre et de leur trouver des solutions.

Ils sont demandeurs.

Pour m'inciter à l'écouter, cet homme ose cette phrase : « J'ai un truc pour toi, tu devrais l'écrire. »

« J'ai un truc pour toi qui es écrivain », quand vraiment il veut me flatter.

Une qui plaide : « Moi, je n'ai pas besoin d'un psy, je t'ai. » Mais je t'emmerde.

Ils viennent avec leur vie, et moi je dois leur montrer en quoi elle est belle quand même.

Je dois leur montrer où est l'amour dans leur vie, alors qu'ils ne veulent pas le voir dans la mienne.

J'ai le don d'embellir et ils se jettent dessus. Mais quand je le fais pour moi-même, pour ma vie, pour qui j'aime, là c'est tout de suite : « Attention, tu enjolives. »

Il y a ce qui est bon pour moi et ce qui est bon pour eux.

Pour eux, tout est bon.

Leur vie souffre en général d'un manque complet d'imagination. Ils croient que l'imagination, c'est quelque chose d'incroyable qui un jour arrive. C'est tout.

Ils n'inventent jamais rien, même pas des comportements.

Moi, j'invente. J'invente ceci, si je veux : un petit garçon et une petite fille. Lui, il dit que son papa sait voler. Il demande à la petite fille si ça l'intéresserait de voir, sous la chemise de son papa, l'endroit d'où partent les ailes de son papa. Oui, répond la petite fille, oui ça l'intéresserait. Alors, on y va. On va voir. Le papa retire sa chemise. Eh oui, c'est incroyable, la petite fille ne peut que constater : deux ailes avec des plumes lustrées sont accrochées aux omoplates de ce papa. Elle les détaille. Le petit garçon est estomaqué : « Même moi je les vois ! »

Les choses inventées, ils préfèrent les voir dans les musées.

Leur fierté d'être dans le réel.

Celui à qui ça fait comme une marque de fabrique : « Moi, je ne dis jamais "Je t'aime". »

Ou bien, un âne qui préfère le réel à ce que ses yeux pourraient voir.

Surtout, que ses yeux ne voient pas de la beauté, au cas où elle n'existerait pas ! Qu'on n'aille pas se fourvoyer, surtout, surtout, surtout.

Le fermé à tout qui ne veut plus lire de romans, surtout d'amour, au motif que les romans, ça n'est pas la vie. Et qui croupit, lui, loin de toute vie, dans le décor de ses idées.

De toute manière, le réalisme des gens.

Quand une histoire est impossible, ils pensent que ça n'est pas la peine de la vivre.

En revanche, dans les livres ou les films, s'il n'y a pas cette impossibilité, ils trouvent aussitôt que l'histoire est ratée.

Ah, les gens vous racontent leur vision de

l'amour, et vous vous rendez compte qu'ils n'aiment pas.

Elle, à partir du moment où un couple va mal, elle imagine tout de suite que l'homme a une maîtresse. C'est son maximum de compréhension du monde.

De même, celle-ci. Elle ne voit pas pourquoi c'est fantastique que ce jeune Allemand de la ville de Wuppertal, voulant la séduire, lui dise : « Si tu veux, je te fais rencontrer Pina Bausch. »

Elle ne voit pas que dans la chanson *Witchcraft*, quand Frank Sinatra dit « My heart says "Yes, indeed! in me" », cela fait faire un bond à notre propre cœur.

Ils ne savent plus ce que c'est, une métaphore.

Ces gens qui, maintenant, savent juste ce qu'est une image.

Cet ami, perdu d'avance : il montre à sa compagne de quelle manière on peut faire voler une ombre, pour peu qu'on agite les bras. Un soir, elle lui en parle : elle regrette d'avoir lié son destin à quelqu'un qui n'est pas un homme, mais un oiseau.

Exemple de réalisme partant d'une bonne intention : pour déclarer son amour, cet homme offre un coussin de satin rouge en forme de cœur, et c'est écrit dessus « Je t'aime gros comme ça ».

Exemple avec mauvaise intention : on est devant la rade où va se jouer la régate. Les voiliers, au large. Suspense. Et dans la foule, ces deux-là se disputent. Elle : « Hier, tu disais que tu m'aimais ! » Lui : « Tout de suite les grands mots ! »

Ça me fait un mal de chien.

Quelqu'un s'étonne : « Tu ne vois pas que c'est un jeu ? »

On me dit de considérer les relations entre les hommes et les femmes davantage dans leur globalité.

Comment, au fond, pour les gens, les détails ne comptent pas.

Donc rien ne compte pour les gens.

Évidemment, je place ça trop haut.

Trop haut, c'est quand on ne peut pas atteindre quelque chose.

J'ai entendu ça, sur mon cas : « Tu le sais, que tu as un problème avec l'altitude et le don. »

Une nuit, ça me réveille, la pensée que dans mon cas l'expression « donnant, donnant » signifie juste que je donne deux fois.

Et maintenant, cette frayeur à l'idée d'avoir tort.

« Tu vis dans la voiture de Oui-Oui. » On me l'a dit.

Les gens, je les pensais dans le oui, mais les gens sont dans le non.

Cesser de voir chez les autres les qualités que moi je possède ?

Ils méprisent tout ce qu'on accorde, de toute manière.

Comme la femme qui, s'étant toujours conçue comme un cadeau – s'offrir –, s'entend dire : « Qu'est-ce que tu en sais ? Peut-être que tu ne fais pas plaisir. »

Comme la jeune fille qui écrit une chanson pour son amoureux, et il préfère qu'elle ne la chante pas. Ce serait trop délicat si la chanson était ratée.

Celle-ci, quand son enfant lui offre une fleur, carrément ça ne l'intéresse pas.

D'ailleurs, cet universitaire, École pratique des hautes études, m'affirme que ce qu'on donne, on le perd.

Un spécialiste des sciences humaines, donc, me dit que ce qu'on donne, on le perd.

Ce que certains auraient pu me donner en retour. Et puis ça n'arrivait pas.

On voudrait que je réalise ceci : si les gens empochent ce que je donne, c'est parce que ça ne se refuse pas.

Ce serait donc un monde de voleurs.

Mais moi je secoue la tête.

Mais moi je veux donner.

Et qu'on me prenne.

Déjà, pour commencer, je te donne ma parole. Mais on me dit d'ôter cette phrase, car elle pourrait être dans une chanson de Jean-Jacques Goldman.

Ils ne veulent rien donner, alors surtout pas à Jean-Jacques Goldman.

En voici un qui affirme que je ne manque certainement pas d'amour, puisque j'éprouve le besoin d'en donner.

L'égoïste, dans sa netteté tranchante, les effraie moins que celui qui donne, cet éparpillé.

Et quand ils donnent ! Cet homme que je quittais, il était furieux : « Je te donne jusqu'à mardi. »

Cet homme me fait ce reproche : « Vous, vous donnez n'importe comment. » Lui fait partie d'un milieu où l'amour est vraiment l'accessoire de l'esclave. Dans son enfance, seule la nounou, une Philippine, une ignorante, une dépossédée pourrait-on dire, en donnait.

Ses parents ne s'occupent pas d'elle, elle vit seule dans le manoir familial, en Angleterre. Si une casserole lui brûle le bras, les parents mettent six mois à le voir. À Noël, une limousine arrive avec les cadeaux. À l'âge adulte, elle en fait le reproche à sa mère, qui lui répond : « Quand je pense qu'on a fait le maximum ! »

Quand cette vieille mère comprend que son fils préfère donner de l'argent que de l'amour, son œil s'éclaire.

Voilà à quoi on aboutit.

Ce père : il a sa fille pour les vacances. Ça

l'emmerde. Il ne sait pas quoi dire à une enfant de huit ans. Il lui offre une robe. La première qui lui tombe sous la main, en espérant que la taille sera la bonne et que, pour la couleur, ça ira aussi, bien que saumon, ça ne soit pas vraiment sa tasse de thé, même pour une femme. Elle, la gosse, elle reçoit le cadeau, elle voit la robe, quelque chose qu'on lui donne. Elle apprend que ça, c'est saumon, et elle en fait sa couleur préférée.

Un homme, avant un rendez-vous avec une femme : chez le fleuriste, au moment d'acheter des fleurs, il juge que ça n'est peut-être pas nécessaire.

Cet enfant qui demande : « Pourquoi on ne lui donne rien, au monsieur ? » Et la réponse de la mère : « Parce que le monsieur n'offre rien en échange, mon amour. »

Assez négligée dans sa mise, sale, tondue, elle fait un bon repas dans cette brasserie à la mode, sauf qu'au moment de payer, comme on le supposait, elle n'a pas d'argent. Au serveur qui entend l'empêcher de partir : « Je voudrais comprendre pourquoi vous me retenez puisque je n'ai rien à vous donner, je n'ai rien à donner à personne, même si des policiers me le demandent. Je n'ai rien à donner même si on me prend. »

Ce n'est pas tant que je les aime ou que je ne les aime pas, c'est que je les vois.

Ça me fait drôle de penser que dans une autre époque, j'aurais sans doute été une religieuse.

Mais là, je ne peux pas : je fais autre chose.

J'écris.

Si j'étais une religieuse, le genre de propos que je tiendrais : « J'entends les grelots de leur solitude. »

J'aurais toute latitude pour la poésie, si j'étais religieuse.

On me foutrait la paix. Les religieuses, on leur fout la paix. C'est la seule chose qu'on leur foute, la paix.

Et je dirais : grelot.

Grelot celui qui attend que quelqu'un vienne, se déshabille, et lui dise : « Regarde-moi ça. » Et il le ferait, il en a tellement envie.

Celui, réduit à s'imaginer qu'il danse avec quelqu'un.

Elle, fâchée avec son godemiché. Et la raison : fâchée, parce que c'est elle qui fait tout.

Celui qui parle à une femme, quand bien même elle n'existe pas. Et qui sait que c'est dangereux, que si quelqu'un entend, il est mal.

Au passage de la jeune fille, ce mendiant s'enthousiasme. Elle hâte le pas, au cas où il voudrait de l'argent : grelot.

La même, peut-être : comme on l'augmente et que c'est seulement de 15 euros par mois, le découragement la prend et elle se met dans la tête qu'elle ne trouvera jamais l'âme sœur.

Grelot, grelot.

Lui : il croit que le vers « un seul être vous manque et tout est dépeuplé », ça parle de quelqu'un qu'on n'a pas encore rencontré. Informé que ça n'est pas le cas, il se replie encore un peu plus dans sa solitude.

Cet animateur de Radio Latina dit adieu aux auditeurs : « Eh oui, c'est comme ça. Je ne ferai plus l'émission du samedi. Je ne serai plus là le samedi avec vous. Le samedi, oubliez-moi. »

Cette femme à qui le cardiologue a dit : « Déjà : oubliez les émotions. »

Ce paysan à qui on fait des réflexions sur l'agressivité de son oie. Il l'extermine, et n'adresse plus la parole à personne.

Tous mes frères. Eh, quand on est sœur, c'est obligé.

Une fois, je fais un lapsus. Je dis « en tout couille », au lieu de dire « en tout cas ».

J'ai mes grelots.

Je ne suis pas un exemple, non.

Qui j'ai aimé aujourd'hui : cette pharmacienne est maladroite. Elle se trompe en lisant l'ordonnance. Elle ne sait même pas que codéine-aspirine-paracétamol, c'est possible. Elle froisse la feuille de Sécu en l'insérant dans l'ordinateur. Elle laisse le ticket glisser par terre. Elle perd du temps, et doit frotter plusieurs fois la carte American Express contre sa blouse pour la démagnétiser. Elle a oublié le montant à porter sur la machine.

Parfois, je vois tout.

À ma mère, on disait, quand j'étais gosse : « Elle est à vous, la petite extasiée ? »

Je lis combien le philosophe indien Krishnamurti souffrait. Dans ses « Carnets », pendant plusieurs mois à partir de juin 1961, il note chaque jour l'état de sa douleur physique. « Pression et tension étaient là » est la phrase qu'il est contraint de noter chaque jour. Cet homme, qui pouvait ôter la souffrance de n'importe qui.

Des journées entières dans la solitude, les amis.

Aimer de loin. Mystique, quoi.

Elle me parle de son époque mystique. Le corps des hommes l'indifférait sauf celui du Christ. Elle était capable de s'arrêter devant le Christ en croix en se disant : « Là, c'est dingue l'effet que ça me fait. »

Je me croyais dans l'amour uniquement parce que je le réservais au néant.

Cette infirmière, grand altruisme, a sa vision de l'amour bien à elle, et lui, son collègue, ça le révolte. Il se tourne vers moi : « Quand on aime tout le monde, hein que ça ne compte pas ? »

À une époque, les hommes me passaient un bras autour des épaules avec cordialité, le reste je n'en voulais pas.

J'avais peur.

Je ne pouvais pas faire autrement.

Ma réflexion, ça a pu être : le progrès, après l'analyse, ce sera d'être moins sentimentale.

Parmi les choses que j'ai pu dire, pendant que tout ça était en plein travail : « Vous voyez qu'on mûrit : moi, par exemple, je ne ferai plus de sentiment. »

Un qui me soutenait que j'avais tort de le quitter : « Je te jure que je suis comme toi, même race, là, les sentimentaux. »

J'ai pu dire : « Je suis peut-être trop sensible pour aimer. »

En revanche quand quelqu'un me demandait : « Y a un accent circonflexe à "âme" ? », moi tout de suite : « Et comment ! »

J'étais sûre de moi sur certains points.

Et puis un jour, tu vois, j'écris : « Mon amour, vous m'avez fait passer une année merveilleuse... » à quelqu'un qui doit dîner vite, parce que, après, il a autre chose.

La chanson qui dit :
Le bonheur avait pris figure
Mais je ne suis plus vraiment sûr
De rien.

Je m'accroche à la petite fille qui demande à Nino : « Comment peux-tu être si sûr que tu m'aimes ? » Nino répond du fond de l'enfance : « Je t'aime : tes yeux étaient petits et maintenant ils sont grands. »

Oui, je l'invente.

Oui, oui, oui, je l'invente. Et alors ?

Maintenant, ce que je voudrais dire à un homme, même si avant j'ai échoué : « Je t'aime si fort, je vois ton pouls battre dans ton iris. »

Je voudrais bien aggraver mon cas.

Je voudrais m'ouvrir.

Ce serait affreux de se fermer alors qu'on était parti pour s'ouvrir.

Ce que je voudrais entendre dans la bouche d'un homme : « Oui, les paupières aussi, ça s'embrasse. »

Ça, ça aurait de la gueule.

Qu'il me dise : « J'aime ton profil, mon espoir est découpé dedans. »

Elle lui dit : « Viens avec tout ce que tu es. S'efforcer d'oublier les choses heureuses n'est pas humain. Je vais t'emmener dans un pays où ce qu'on oublie, c'est le reste. »

Celle qui m'émeut tant : « La nuit, Alexander a le corps couvert de lucioles, ou alors c'est dans ma tête. »

Que ce soit, mais alors vraiment très très beau.

« Les coins de ton cœur remontent quand tu souris. » Même si c'est une phrase idiote, avec le sourire même le plus idiot possible.

Je dois cacher mon rêve, car sinon ça va très mal se passer.

Par exemple, je caresse le visage d'un homme et il me prend pour une folle.

Par exemple, je prends confiance et en fait il ne vaudrait mieux pas.

Rester ouverte, rester ouverte.

La petite fille qui dit au chien : « Ne bouge pas. Tu vois bien que si je te tiens, je ne peux pas te caresser. »

Le fait que pendant des années, je me parlais à moi-même. Je disais au revoir à mon ombre en quittant la maison. Le voisin ne comprenait pas qui j'enfermais là-dedans.

Cette autre, sa perte d'assurance quand on lui demande : « Alors, et les amours ? »

Qui j'ai pu être, et à quel point. Ne jamais le dire ? Ne jamais l'écrire ?

On m'ordonne de me protéger.

On m'ordonne de ne plus croire qu'un homme veut s'élever, alors qu'il veut juste qu'on lui raconte la vue.

On me dit : « Partout les gens gentils sont déçus. Regarde. »

Journées portes ouvertes au monastère. Un moine le dit avec lucidité : « La plupart des gens fayotent. »

Même les moines sont acculés à voir la réalité.

Comprendre les moines, alors qu'on a des seins et même un décolleté !

Ça vient d'une chasteté qui a eu lieu dans ma vie.

Je sais ce qu'on va penser.

Mais Camus, le fameux séducteur, était tenaillé par la chasteté.

Ça n'empêche pas.

Ces êtres, parfois les plus aimants, qui parfois ne font plus l'amour. Ça existe.

Tout existe, on dirait.

Je sais ce que c'est, ne pas vouloir s'engager, et même vouloir se dégager.

J'avais un dégoût pour leur trivialité. Est-ce si incroyable ?

Combien on les énerve, quand on passe un long moment à ne pas faire l'amour.

Une de mes amies en couple avec Flamboyant.

Le fait est que les gens sont agacés parce que, à la place d'un homme, elle a un cheval.

Et cette autre, styliste. Le travail minutieux de l'analyse sera de voir pourquoi quand quelqu'un a une belle démarche, ça la fait plus jouir qu'un acte sexuel.

Moi, dans mes périodes de chasteté, je pouvais rester deux, trois ans à simplement avoir la capacité de contempler le vice.

La peur qu'ils ont de toute chasteté, c'est vraiment ça le dernier des scandales. Même si moi, évidemment, j'aurais préféré une autre façon de vivre mon idéal.

Je voudrais croire en un corps.

Dans cette famille bourgeoise, le cousin choisit la vie monacale. Explications pour une petite fille : « Où va Tom, on ne peut pas le suivre : c'est vers l'amour de Dieu. »

Ces gens menacés par la foi, et qui du coup ne la supportent pas.

Avec cet homme matérialiste, pour qui il est absurde de prier à genoux, elle prie à quatre pattes. Dieu, qui est amour, comprendra.

Celui-ci, qui malgré tout a bien compris les choses : « L'amour est une vue de l'esprit. »

Cet autre, Alpes-de-Haute-Provence. Depuis le début, il a à l'œil le sale petit air vainqueur des sœurs bénédictines de son village.

Elle demande carrément au moine si les religieux se branlent et s'ils ont des érections. Le moine lui répond que, grâce à la prière, ça ne se passe pas dans cet ordre.

Celui-ci : pas con, il ne pousse pas le catholicisme jusqu'à aimer tout le monde.

Celui-ci ne veut pas entreprendre une analyse, et tout son ressentiment retombe sur le pape.

Et pourtant, il en a fait l'expérience : « Quand quelqu'un te témoigne vraiment de l'amour, je veux dire quelqu'un vraiment à qui tu peux tout faire et qui continuera de te regarder complètement, en cherchant à te comprendre, et avec aussi cette foi en toi, car tu le sais sans doute ce que la mystique dit sur la compréhension : que “celui qui n'aime pas ne comprend pas”, et même le célèbre “Je crois pour comprendre” de je ne sais plus lequel de ces oiseaux de la foi. Eh bien, bon, moi ce que je veux dire depuis le début, c'est que quand quelqu'un t'aime de cette façon-là, il faut être délicat. Car, avant que tu comprennes, toi, que là c'est le divin, que c'est le divin qui se manifeste, tu as le temps de faire un mal de varan à ces êtres aimants, parfois même rien qu'en doutant d'eux, tout simplement. »

La voyante voit ceci : « Il y a sept mois, vous êtes un homme qui a fait le mauvais choix. C'était à Marseille, peut-être près du port. Ou bien sur une île. Au Frioul. Île du Frioul exactement. La femme, Dieu l'envoyait. Vous ne la retrouverez jamais. »

Il l'a vu de ses yeux, qu'il y a des âmes si grandes qu'à la limite tu passes dessous sans les voir.

Leur dialogue cette nuit-là : lui et la jolie sage-femme, ils restent silencieux à contempler le petit être.

Steven reste devant les nuages.

Jacques revient sur ses pas pour contempler le visage de la mendiante.

Samuel s'adresse aux peupliers.

Ils savent ce que c'est, la grâce. Tous.

D'une certaine manière, ils n'ont aucune excuse.

On entre à genoux et même en rampant dans la chambre du sage. Un fan développe : « Ça met un vrai climat d'amour. »

Ils savent.

Il a l'opportunité de rencontrer un grand sage, ça se passe en Inde. Il entre et se prosterne, le sage lui dit de s'asseoir. Puis, comme le sage a l'air d'attendre une question, il lui demande si Annette reviendra ou si on passe carrément à autre chose.

Animateur de télévision, il interviewe le dalaï-lama. Il lui demande si le prochain dalaï-lama pourrait être une femme. Le dalaï-lama répond que oui, et que si c'était le cas, il espère que ce serait une jolie femme, car il ne voudrait pas qu'on dise « Ah, qu'elle est moche la dalaï-lama ! » Plus tard, quand le staff du dalaï-lama est contacté pour répondre de cette phrase malheureuse, le porte-parole dit ceci, à savoir que le dalaï-lama se met toujours au niveau de son interlocuteur. Que ce jour-là, il ne pouvait quitter le niveau suscité par l'animateur de télévision. Que, bien sûr, ceux qui sont dans l'amour savent ce qu'est la beauté, et auront rectifié d'eux-mêmes.

Et lui, ce qu'il appelle « les mystères de la vie », c'est que parfois il a une couille qui frissonne.

Dans le désert du Sud marocain, pleine nuit, le nomade vient en aide au jeune couple. Il s'agit de localiser la piste perdue, de retrouver les autres, en l'occurrence ceux du raid. Le nomade commence par se mouler une boule avec des ronces séchées. Puis, en la faisant rouler sur le sol, il la laisse grossir jusqu'à lui donner les dimensions d'un bonhomme de neige. Ensuite, il la hisse (elle est légère) jusqu'au point le plus haut à sa portée, le sommet d'une dune. Ensuite, il y met le feu. Elle s'embrase jusqu'à deux mètres au-dessus du sol, il faut reculer tellement c'est chaud. Il explique : étinceler, c'est la seule façon de se faire remarquer. Le couple est captivé, surtout la femme, qui fixe le nomade. L'homme, lui, dit qu'il peut comprendre tout ça, il dit qu'en amour, c'est la même chose. Il faut briller pour être regardé. Là, le nomade fronce les sourcils, il secoue la tête tristement, et répond que l'homme se trompe, et qu'en amour, c'est l'inverse : brille ce que tu regardes. Puis il dévisage l'homme pour bien s'imprégner de ce qu'est quelqu'un dans l'erreur. La femme ne cesse de fixer le nomade, convaincue. Le nomade est fou de joie, ce coup, c'est le coup qu'il préfère faire.

On me conseille : « Maintenant, fais une aération. Ça fait chier tout le monde, la religion des dieux. »

Je n'ai pas fini : il me reste le diable.

Il veut être franc : « Avec la cocaïne, bien sûr, tu ne peux pas bander. En revanche, tu as un peu d'entrain pour faire semblant d'aimer. »

Pourquoi ce serait si moderne de se tuer ?

Cet homme, qui me faisait croire qu'il ne se droguait pas, était épouvanté de voir que moi, je le croyais.

Puisque je suis si crédule.

Cet homme est à la fois dans l'héroïne et l'alcool. Hier, il s'est chié dessus. Aujourd'hui, c'est un accident pont Alexandre-III, il s'encastre dans la balustrade : deux morts, des touristes de Montréal. Il se trouve maintenant dans la camionnette du Samu, et se décide à appeler sa femme : « Allô, mon amour ? »

Une fois bien soûl, cet homme entre dans la chambre, il fait irruption. Il allume la lumière : il éclaire. Évidemment qu'elle, normale, elle se dresse dans le lit, surprise, on pourrait dire agressée, même s'il ne faut pas exagérer. Au début, elle ne comprend pas, elle cligne les yeux. Très vite, elle comprend. Ah non, c'est pas vrai, ça recommence. C'est ça qu'elle pense. Eh bien, qu'elle le pense. Lui, il fait mine de rien, il se tient à un meuble, il fait tomber quelques bibelots, ça peut être des lunettes, un verre. Un verre, c'est bien, ça casse. Elle ne parle pas, elle fait tout pour éviter les scènes. Alors, c'est lui qui commence : « Tu m'aimes ? »

Il a violé cette femme parce qu'il pensait qu'elle voulait de lui. Qu'est-ce qui lui a fait supposer ça ? Elle lui a offert une cigarette, la plus belle du paquet.

Il faut entendre les gens affirmer qu'à partir du moment où, de toute manière, elle était fragile, on ne peut pas vraiment dire qu'elle ne l'ait pas cherché.

Elle n'avait qu'à être plus solide, comme tout le monde.

L'homme, combe de Lourmarin, Vaucluse, ils l'attachent à un arbre, pour qu'il ne rate rien de ce qu'ils vont faire à la femme.

Il est avocat. Aujourd'hui, commis d'office sur une affaire de viol. Il n'a pas eu le temps matériel d'aller rencontrer son client en prison. Ce qu'il fait dans pareil cas : il met un point d'honneur à étudier le dossier à fond, à sauver un pauvre. Ça fait avaler le fait que, sur ces affaires, il ne gagne rien. Là, le cas est banal. La fille dans le champ, elle rentre du travail. Lui qui passe en voiture, il rentre du bistrot. Il ralentit. Il propose. De la raccompagner. Bon, il tape dessus avec une pierre et il la viole. Ça, c'est le point crucial, autour duquel l'avocat ne sait pas encore s'il faudra tourner ou ne pas trop s'attarder. Parce qu'il y a évidemment deux tactiques. Bref, le jour du jugement, il a choisi sa position : « Écoutez, votre honneur, ça n'est arrivé qu'une fois. »

L'argument comme quoi la jeune femme s'est laissé faire par les violeurs sous prétexte qu'elle avait peur de mourir, l'avocat du prévenu le trouve irrecevable, au motif que si on va chercher par là, la peur de mourir n'a rien d'exceptionnel, on l'a tous.

Été 1976. Cet homme, après avoir violé une jeune femme. Il la console : « Ne t'en fais pas, l'amour n'a rien à voir avec tout ça. »

J'essaie de lui faire comprendre : « Quand on a pris quelqu'un de force, il ne lui reste que l'amour. »

On m'enjoint de mettre plutôt de belles images dans ma tête.

Je peux.

En guise de déclaration, Sardaigne, Joseph saute du plongeoir ménagé dans la roche. Son corps entre dans l'eau, presque en musique tellement c'est harmonieux. Ensuite, le monde se tait. Puis il refait surface, et dans l'écrin de la crique, avec la lumière crue qui tombe à la fois du ciel et des rochers blancs, des petits galets de la plage en flocons, on dirait en ébullition, le visage illuminé qui scintille comme un poisson d'argent, il crie à cette fille : « Alors, hé ! Tu m'aimes toujours pas ? »

Il n'ose pas lui écrire, alors il écrit à toute la famille. Il raconte qu'il a fait du bateau, qu'il a vu des dauphins, même si ça n'est pas vrai. Il dit à quel point la vie lui semble chose aisée et à saisir tout de suite. Il embrasse tout le monde. Il met : « Et embrassez aussi Carmen. »

Aimer, c'est tellement de silence qui entoure un visage. Pourtant, pour l'attirer, je lui écris : « J'ai des milliards de choses à vous raconter. »

Il l'emmène sur son île en Sicile : « On commence à s'aimer ici. »

Tu vois que je peux.

Mais une amie tempère : « Si quelqu'un faisait ça pour toi, t'emmenait en Sicile, est-ce que ça te toucherait ? Ou bien est-ce que, juste, tu te dépêcherais de l'écrire ? »

Parce que c'est ça, aussi, être un monstre à leurs yeux.

Un être à part, j'entends.

Ils pensent que, comme je mets l'art au-dessus de tout, ça veut dire que je mets l'amour en dessous.

Dans les *Cahiers* de Nijinski, je découvre que cet homme était comme moi. Or on sait bien qu'il était fou.

Je n'achèterai pas les *Cahiers* de Nijinski, car ça parle de moi.

Les artistes : tous très sauvages.

Ce chanteur que j'admire, aux chansons pleines de profondeur. Je fais sa connaissance. Je réalise en le regardant vivre que, pour aimer les hommes, il a dû s'en éloigner.

Les artistes : tous voulant être connus.

À la Biennale de Venise, la jeune plasticienne

s'enduit de plâtre et, méconnaissable, se place à l'entrée de son pavillon, dans cette Biennale, pour entendre ce que les gens disent et s'ils l'aiment.

Cette idée que j'ai pu avoir : si j'étais connue pour mon art, tout le monde m'aimerait.

J'étais même partante pour le profond inconfort de la notoriété : être désiré par des gens qu'on ne désire pas.

Comme je ne sortais pas de chez moi, je me disais : « Si j'ai du succès avec mon art, celui qui m'est destiné, là c'est sûr qu'il va me voir. »

Être une femme exceptionnelle.

Mais on en revient.

Je pense à cet écrivain rendu célèbre par sa vision défaitiste des relations amoureuses. Une amie commune m'apprend qu'il est écœuré, parce qu'on l'a cru.

La chanteuse qui est applaudie, elle attend le

silence, et se déclare dans le micro : « Moi aussi, je vous aime. » Je trouve ça le comble du malheur. Je quitte le concert.

En fait, ça n'est pas vrai que je ne sors pas. Je vais même au bar du Plazza Athénée, dans des tenues ridicules, et je me fais remarquer.

Moi et des directeurs de boîtes de nuit, on fait rouvrir la Maison du Caviar dans la nuit.

Pour dire que j'en vois, des artistes.

Un mannequin. C'est la plus belle fille ce soir-là, dans ce palace. Elle touche à l'art : « Je suis la petite amie de Mick Jagger quand il vient à Paris. »

Un cinéaste. Il a fait des films célèbres, mais ça l'ennuie d'en parler. En ce moment, il essaie surtout d'être le plus sale possible pour voir à quel moment, dans l'intimité, les femmes vont faire une réflexion.

Un comédien. Il est d'accord pour qu'on aille tous dans une boîte échangiste. Il sait que là-bas, les gens ont besoin de lui : dans ces endroits, le fait qu'une personne célèbre (comme lui) soit là juste à regarder les autres faire, il semblerait que ce soit le moment de poésie.

Le petit ami d'une star. Comme son amoureuse est si célèbre, il se raisonne et il essaie encore de l'aimer.

Ça me serait facile d'être des leurs.

L'importance que je n'ai jamais voulu prendre.

Ma place.

Un éditeur, gentiment, me calmait quand j'affirmais : « Je fais de la littérature. » Il me conseillait d'attendre que les autres me définissent. Ça devait venir des autres.

Je lis que, quelques jours avant sa mort, Marilyn Monroe devait encore écouter le chant de son agent : « Attention, tu n'es pas encore une star, tu n'es pas encore une grande actrice. Tu dois encore beaucoup travailler. »

Mais ne comparons pas, non.

C'est écrit là dans *L'Art et l'Artiste* d'Otto Rank, que les artistes ne savent pas où se situer. Ils ne savent pas s'ils sont inférieurs ou supérieurs aux autres. Ils errent un pied sur chaque bord, avec évidemment au milieu le grand gouffre d'être comme tout le monde.

On me dit : « N'insiste pas trop sur ce côté artiste. Tu n'as pas besoin de te vendre. »

Et si je veux en vivre ?

Quand vous êtes une artiste, les gens voudraient que vous soyez comme tout le monde, avec en plus une grande originalité, mais pas en amour.

Surtout pas en amour.

J'ai toujours laissé les autres me marcher sur le dos. Cette amie qui voulait marcher sur mon dos, pour m'aider à me tenir droite.

Cette amie qui trouvait que les cheveux très

courts et les rangers, ça m'allait mieux, parce que ça me donnait un genre.

Leur avis que je ne leur demande pas.

Leur avis qui leur tient lieu de preuve d'amour.

Ces gens qui énumèrent les défauts que vous avez : les pauvres, c'est leur façon d'aimer.

Déjà que je ne trouve pas l'amour, j'ai peur de ne plus avoir d'amis si je dis absolument ce que j'ai toujours ressenti.

Je ne veux faire de mal à personne. Le mal qu'ils me font par leur souffrance et leur insuffisance, tant pis, que ça reste en moi.

Le discrédit, jeté sur mes conquêtes. D'un homme qui m'offrait des orchidées : « Il fait ça avec tout le monde. Il faudrait voir s'il les met ou non sur le compte de sa société. »

De mon cœur qui se remplit : « Laisse ça. »

Pourquoi c'est si important, l'avis de gens qui se trompent ?

Ma joie de recevoir, comme on dit, a bien souvent été sabrée.

Personne ne veut que je sois naïve. Que quand on me dit « Je t'aime », j'en sois là, à le croire.

« Naïve », quand c'est le nom d'une maison de disques, tout le monde trouve ça très bien.

Toi que je vais rencontrer un jour, je te le dis : je sais depuis le début que l'amour viendra chez moi total et profondément insolite. Mais pour ça, je ne dois écouter personne. Personne.

Les limites qu'ils ont tous : des barbelés contre lesquels ils vous projettent.

Une qui me disait : « Tu es seule dans cette histoire. » Alors qu'elle voyait bien que j'aimais quelqu'un, tout de même !

Je pense notamment à tous ces matins où je

me réveillais en me demandant comment alimenter cet amour pour qu'il prenne. À combien j'étais pathétique aux yeux du monde.

Je défendais un homme qui me faisait défaut.

Parfois, dans ma vie, j'en ai été à geindre : « Il m'aimait, je vous le jure. »

J'en ai été à plaider : « Il ne pouvait pas, c'est terrible. »

Et même, peut-être, j'ai dit : « Je ne le juge pas. On ne sait pas ce que c'est que d'être un homme qui ne vivra pas. »

Cet homme qui entend à la radio que quand on ne peut pas, c'est qu'on ne veut pas. Il se tue.

Je pense à cet homme : il fait souvent ce cauchemar où il est mort et enterré, et la femme aimée vient porter des fleurs sur sa tombe. Il ne peut pas réagir, et une voix, même pas sépulcrale, lui dit : « Eh oui, tu es mort. Tu ne peux pas bander, tu es mort. Enfonce-toi bien ça dans le crâne, puisque ça, tu en as encore un. »

Elle me fait part de son choc le jour où, entendant pour la première fois cet homme chanter, elle constate qu'il n'autorise aucune harmonie à sortir de sa gorge.

Elle le hait, pour ça.

Moi, ça m'aurait fait l'aimer, tu vois.

Il est colonel des pompiers. Il m'enseigne que le chien sauveteur, dans un grand éboulement, répugne à chercher les morts : « S'il n'y a personne à aimer, ça n'intéresse pas le chien. » Ça a l'air d'être une grande différence entre l'homme et l'animal.

Exemple d'impuissance. Personne ne cède quand cet enfant pleure. Il finit par comprendre qu'il n'a aucune puissance sur quoi que ce soit. Voilà pourquoi un beau jour il ne pleure plus, ni n'appelle. On le met au lit et il y reste, même dans le noir. Les parents se font l'écho de cette extraordinaire réussite.

Les gens n'ont aucune pitié. C'est même à ça qu'on peut déduire comment ils vont agir : mal.

L'avis d'une salope : « Il ne te désirait pas. » Comme s'il n'avait pas le droit, en plus.

« Il voulait seulement se chauffer à ton béguin. » Comme si c'était interdit.

Celle-ci : « Et toi, tu crois ce que dit un homme allongé ! »

Mon Dieu, comment sortir de ce cynisme qu'ils appellent leur lucidité ?

Je trouve les gens bien trop dangereux pour qu'on puisse confier à qui que ce soit qui on aime vraiment.

Ne pas révéler qu'on est une bonne nature.

Comme celui qui, à moi, avoue qu'il est fidèle à cette femme. C'est elle et voilà tout. Même si, devant les autres, il fait le type comme les autres. L'infidèle qui la ramène.

De Fort-de-France, tonton Gabin la briefe pour cet entretien d'embauche : « Et tu te méfies, hein ! Si on te demande ce que tu aimes dans la vie, ne dis pas "l'amour" ! »

Une fois, hypocritement, j'ouvre de grands yeux : « Qu'est-ce que ça veut dire : aimer quelqu'un dans sa totalité ? » Je fais comme si je ne savais pas. Ça vaut mieux.

Si on ne se protège pas : la bonne petite grosse croit enfin être aimée pour elle-même, hélas seule une partie de son corps intéresse cet homme, certes la plus volumineuse, mais enfin ça ne suffit pas.

Ils se protègent tous.

Un vrai maudit : il me faisait croire que ça n'était pas réciproque pour éviter les emmerdements.

Mais moi, je m'interrogeais dans cet esprit : « Est-ce que cet homme sait aimer mieux que moi, sait que l'amour est parfois silence sans inquiétude, ou bien est-ce qu'il ne m'aime pas ? »

Mais moi : « Ça n'est pas parce que je l'aime qu'il doit m'aimer : c'est parce que je l'aime qu'il doit s'aimer. »

Mais moi : « Quand vraiment il n'y a pas d'espoir, est-ce que c'est particulièrement indiqué, en plus, soi, de ne plus désirer ? De s'ôter la seule chose certaine ? »

Quand je comprenais qu'un homme ne pouvait pas aimer, je n'avais pas le cœur à abandonner cette personne à une telle détresse.

Je pensais : c'est parce que les gens ont peur de l'amour qu'ils ont inventé la réciprocité.

J'allais là.

Ma gardienne, le courrier à la main : « Si on n'aimait que les gens qui nous aiment, qui commencerait ? »

Je la regardais fascinée, ma gardienne.

Ma gardienne dont quelqu'un me soutient

qu'elle a un tempérament de perdante. Sinon, elle ne serait pas gardienne.

Personne n'aime être perdant.

Le mendiant au feu rouge. L'automobiliste a une façon tellement sympathique de ne rien donner que lui ça lui fait la journée. Il essaie de ne pas être tout à fait un perdant.

Tout ce que j'ai perdu comme temps à croire que je recevais.

Une amie prétend que je ne sais pas me faire désirer. Pour se faire désirer : laisser l'autre un peu dans sa merde.

Laisser l'autre dans sa merde, ça, vois-tu, c'est quelque chose que je ne peux pas faire.

D'ailleurs, au bout du compte, cet homme n'a qu'un reproche à me formuler : « Si je te dis "Viens", tu viens. »

En moi, constamment le souci que l'autre

soit bien. Avant de proposer une promenade j'attends toujours que l'autre ait fini son chapitre.

Quand on agit de même avec moi, mon émotion.

Un jour, si je n'y prends pas garde, ma gentillesse sera telle que, à un homme qui n'aura jamais voulu de moi, je ne saurai pas comment dire que j'en aime un autre.

L'esprit de compétition, je l'ai toujours eu en horreur.

C'est la femme qui est partie, et l'avocat dit au mari : « On peut encore bien la baiser. »

Je déteste.

Moi, en fêtant un succès juridique, je ne peux m'empêcher de penser au désarroi du perdant.

Moi, si je cours plus vite que toi, je ralentis.

Si je dis une chose intelligente, je fais semblant que ça n'est pas de moi, mais d'un grand poète.

Si tu dis quelque chose de beau, je t'aime.

Je ne veux pas te tuer.

Je ne suis pas une bête sauvage.

Lequel de ces petits cons m'a soutenu l'autre jour que l'amour c'était la dernière jungle de l'homme industriel où, donc, tous les coups étaient permis ?

C'est pourtant rare que j'oublie un con. Autrefois j'en tombais amoureuse.

J'avais foi en ma capacité de rendre les autres intelligents.

Trop de confiance envers les autres. Un reproche qu'on me fait si souvent.

Cesser de voir chez les autres les qualités

que moi je possède. Je l'ai déjà écrit ? Eh bien je le remets.

Et pourtant : drôle dès l'enfance. Si ça, c'est pas de la méfiance !

Non. Si tu me trahis, je vais avoir encore plus confiance en toi, pour que tu ne te sentes pas complètement rejeté.

Si tu ne me trahis pas, là c'est la folie.

Par exemple, ma grivoiserie quand j'ai confiance.

Dans ce monde caricatural, avec qui partager l'impression que, parfois, si on est bien, la sexualité peut alors joyeusement ressembler à de la pornographie ?

Et à propos de la confiance... par exemple, c'est l'hiver à Paris, j'entre radieuse dans la cour des Beaux-Arts : « J'ai rencontré l'homme de ma vie, je me casse à Miami ! »

Par exemple, ma peur des abeilles, à jamais

disparue quand on m'explique avec amour : « Nage doucement. Elles ne te feront aucun mal. »

Je crois voir une âme, et ça me monte à la tête.

Et après, les retombées.

Les retombées.

Le problème de cet enfant au bord de la piscine. Il se jette à l'eau, joyeux, persuadé qu'on va venir le repêcher, sans forcément réaliser qu'il est seul.

Et cet enfant-là : quand son père le frappe, il imagine que ce père sait ce qu'il fait.

Ce qu'elle murmure le soir à sa petite fille dans la ville de Jérusalem : « Dors tranquille, ça n'est pas demain la guerre. »

Opération à cœur ouvert à la télévision. S'il est mis à nu, un cœur qui bat saute facilement hors du corps. On peut en mourir.

Oui, je le sais bien, qu'on a besoin de s'ouvrir, puisque je veux m'ouvrir. Et puisque je l'ai dit, que j'allais le faire.

Seulement voilà. L'idiot, tout fier : « En amour, j'ai toujours trois coups d'avance. »

Ce policier instructeur, à la télévision : « Le souci avec les armes à deux coups, c'est qu'après, tu es mal. »

Ce gérant d'un surplus de l'armée à une cliente qui demande si le caleçon d'homme qu'elle a entre les mains a fait la guerre : « Ça, je ne peux pas vous le promettre. »

Avec tout, les gens font une arme, et en éprouvent l'état de marche.

« Pour te donner une idée de la beauté de cette fille : quand elle entre dans une pièce, elle pulvérise l'amour qui peut exister entre les gens. »

C'est comme ça.

Le faible qui crie « Je t'aime ! », comme un

échec. Et l'aveu le fait tomber par terre, mitraillé.

Ces deux-là, nus dans un lit. Elle : « Si je me détends, je ne peux pas m'empêcher d'aimer. » Et lui : « Moi aussi, c'est horrible. »

La méfiance, à la place de la confiance ?

Sur un bateau dans une jolie baie de Goa, en Inde, il fait partie du groupe de touristes qu'on a menés aux grands dauphins : « Vous êtes bien naïfs : ça n'est pas vrai que ces bêtes aiment l'homme. Elles ont faim et c'est tout. »

Il me disait que je n'avais pas confiance en moi, alors que c'est lui qui n'avait pas confiance en moi.

Il préférait penser qu'elle était une sorcière, plutôt que d'admettre que, tout bêtement, il avait été ensorcelé.

Allez, lui ne voit pas très bien ce que ça change : « Mettons qu'ils s'aiment, et après ? »

Quelqu'un qui voulait me faire croire que l'amour, ça n'était pas plus que ça.

Elle me certifie que l'amour, en aucun cas, ne donne un sens à la vie. (« Eh, on n'est pas non plus obligés d'aimer. ») Et elle me certifie que la vie n'a pas de sens. En même temps, c'est vrai aussi qu'elle n'aime personne.

Celui-ci ne la croit pas, l'histoire de cette jeune fille, quinze coups de couteau, laissée pour morte sur le bitume par l'agresseur, et qui dit au passant agenouillé auprès d'elle « Souriez-moi ». Il dit que ça ne se peut pas.

Il assure que l'amour ne dure pas. Ce qui dure, c'est l'absence d'amour. Y a que sur ça, en fin de compte, qu'on puisse compter.

Si on veut l'embrasser, il porte son coude au visage, comme si on allait le frapper. Si on veut le frapper, il aurait tendance à se laisser faire.

Cet homme que j'aimais du plus profond de mon cœur, au point d'écrire, tout de même, « Mon amour, vous m'avez fait passer une année merveilleuse... », et qui n'en croyait pas un mot.

En même temps, ça avait été une année atroce, cette année sans recevoir.

Il ne voulait pas que je l'aime : « Ce qu'il y a entre nous, c'est une certaine sensualité. »

Ils se mettent sur la défensive, quand bien même c'est eux qui vous agressent.

Ce garçon présente à ses amis sa nouvelle compagne. Une créature avec de beaux yeux bienveillants, qui le regarde d'ailleurs tout amour. Les amis sont émerveillés. Presque envieux de voir comme ça l'amour sous leurs yeux. Eh bien, aussitôt la jeune femme partie vers le buffet, le garçon commente : « Elle est hongroise. Mais attention, c'est que du désir, les enfants : c'est pas le tapis rouge. »

Celui-ci, obsessionnel, n'achète que des livres de même dimension. Il mesure les choses avec un mètre de couturière, et si ça fait plus de vingt centimètres, il lui faut, toutes affaires cessantes, le noter dans un carnet. Il achète 357 rouleaux de papier toilette (cas de besoin) qu'il aligne au cordeau sur des étagères étudiées exprès. Un psy le traite et lui demande souvent pourquoi il fait tout ça. Il ne sait pas. Un jour, il formule : « Si quelque chose dépasse, je vais avoir des histoires. Et je ne veux pas d'histoires. »

Et lui : à partir du moment où tu lui dis « Je t'aime », il te regarde d'un autre œil, et se demande si tu as de la valeur, au fond.

Et lui, il ne veut pas mettre de l'air dans sa vie, parce que qu'est-ce qui prouve que tout va rester en place ?

En voici encore un autre qui n'est pas près d'aimer : chaque fois qu'un poème est simple, il se demande si c'est de la poésie.

Parce que, si vous les aimez, ils vont être tentés de progresser. Et ça, ça les emmerde.

Cet homme trop soulagé de le dire : « C'est pas maintenant, à cinquante-deux ans, que je vais changer. »

Dans le tas, des génies. Celui-ci assure qu'il y a des pays où le mot « amour » n'existe pas. Quand on lui demande desquels il s'agit, il reste très vague, avec l'air mystérieux de qui a la chance de connaître ces merveilleuses contrées encore peu touristiques.

Une femme a dit à Évariste : « Tu es mon

âme, et souvent je pense à ta vie. » Évariste m'en parle, assez inquiet : « C'est pire que "Je t'aime", non ? »

Au secours.

Comment je vais faire ?

Je vais me faire manger. Je serai détruite, et personne ne me respectera. Même si, là, c'est posé dans le désordre.

Je te parle à toi que je vais rencontrer, pour que tu saches que je suis déchiquetable.

Que tu saches que j'ai écrit « Mon amour, vous m'avez fait passer une année merveilleuse... » à un homme qui me déchiquetait.

Que je me suis très lourdement trompée.

Que je n'ai pas trouvé ce que je cherchais.

Que je n'ai pas su vivre.

Je suis trop exigeante, me reproche un homme qui, bien sûr, se propose, lui, avec des chaussettes dans ses sandales.

Je suis trop exigeante, me reproche une femme, qui, bien sûr, a épousé un milliardaire. Mais c'est pas pareil, elle l'aime !

Leur exigence, à eux : « Ne me dis pas que tu pourrais tomber éperdument amoureuse d'un pauvre type moche et sans intérêt ? »

Pire que borgnes : bornés.

Moi, j'affectionne les hamacs. Sur un visage, s'il n'y a pas d'un côté un défaut et de l'autre la grâce, je ne sais pas où accrocher mon amour.

Les endroits que, chez lui, sur son corps, il détestait le plus, je les repérais rien qu'en faisant flotter la main au-dessus, comme un magnétiseur. Et, comme un magnétiseur, je restais là, la main en lévitation, absorbée, et je blanchissais tout le bourdon qu'il avait placé, au bout du compte, sur des broutilles.

Je l'aimais. À mes yeux, il devenait la Beauté. Voilà pourquoi, l'appareil photo en main, je voulais le mettre dans tous les paysages. Il ajoutait quelque chose. Il était le tampon qui validait la nature.

Et chaque ride, chaque petite détérioration de la peau, je voulais glisser dessus avec ma langue, pour cautériser les années perdues.

Cet homme n'est pas beau. Or, depuis qu'il est aimé par cette femme, cette réalité tend bien sûr à s'améliorer. Il analyse d'ailleurs la situation : « Abracadabra. »

Va parler de magie dans la maison du terre à terre.

Ce très bel homme. Quand on lui montre un couple où personne n'est beau, il ne peut pas croire qu'ils s'aiment.

Un malin qui avait même argumenté, une fois : « Être aimé, c'est quand tu es beau. Aimer, c'est quand tu es laid. »

Ils ne voient pas les couples désassortis dans la queue du cinéma.

Ils ne voient pas l'émerveillement de François qui, justement, ne pouvant en aucun cas dire que sa femme est belle, finit par réaliser qu'un seul mot convient : sublime.

Ils ne voient pas les rencontrés, on pourrait dire.

Elle lui dit : « Tu es beau. » Lui, dont la femme est folle, il pense : « En voilà une autre, de timbrée. »

Ces hommes qui disent que, étant des hommes, ils sont dans l'incapacité de voir la beauté des autres hommes.

Quand les écailles leur tombent des yeux, c'est bien souvent à l'occasion d'une chose horrible à voir.

Sociologue. Elle est partagée entre la compassion qu'elle se sent pour le flot des travailleurs, notamment par un matin d'hiver, et le dégoût que suscitent en elle les mêmes gens dès qu'ils se détendent un peu, notamment sur la plage où leurs corps sont les plus monstrueux.

Le vent la décoiffe, il voit le front de cette femme, et soudain il la trouve repoussante.

Cette femme, spontanée, ne comprend pas comment on peut aimer quelqu'un qui n'a qu'un bras.

La même, quelques années plus tard, après un accident. Comme une cicatrice lui barre l'abdomen, elle croit qu'aucun homme n'est le bon. Elle n'a pas évolué. Je ne sais pas quoi dire devant sa misère. Et elle croit évidemment que je me tais à cause de sa disgrâce.

Ils se mentent : au rendez-vous, elle est déçue. Il a dit qu'il était beau, et même si c'est subjectif, objectivement il est affreux. Il a dit qu'il avait les yeux verts. Finalement, vert, c'est le teint. Et grand, c'est une blague ou alors il se la raconte. Bref, elle ne veut plus être la chienne toute folle dont il était question dans les mails. Il comprend ses réserves, même s'il remet les choses à leur place : « Baisons quand même. Le physique n'est pas un souci : toi aussi, tu me dégoûtes. »

Ils se mentent à eux-mêmes : au bout de

deux mois, elle comprend qu'il est alcoolique, et que c'est même pour ça qu'il l'a trouvée potable.

C'est un petit boudin tout ramassé, des jambes courtes qui trottinent. Elle attire un très bel homme, Julio. Un jour, il essaie de la tuer par strangulation. Il explique au juge : « Je mérite mieux. »

Alors bien sûr, quand celui-ci tombe amoureux de cette femme de cinquante-deux ans, lui l'abonné aux jeunes filles, dans la foulée il se met à croire en Dieu.

Forcément.

C'est trop énorme.

Un autre à sa compagne : « Je te trouve très belle. C'est faux de dire que les hommes ne sont attirés que par les belles femmes. »

La vieillesse vient là-dessus comme un acide.

Cet animateur de télévision à une starlette :

« Et les années passant, que souhaiteriez-vous préserver ? La jeunesse ? La beauté ? L'amour ? »

La chanteuse Björk, toute jeune, à qui un journaliste demande si elle ne se sent pas finie.

Il ne sait comment lui dire que, à trente-deux ans, elle est déjà trop vieille pour lui. Il dit : « Je n'ai rien contre la personne. »

Il ne peut plus séduire les jeunes filles : « Je suis limite sur les vingt-deux. Il faut que je tape dans les vingt-huit. »

Il veut bien avoir des taches sur les mains, il ne veut pas que les femmes en aient. Est-ce qu'il a des seins, lui !

Elle veut être jeune, pour lui plaire, d'où le recours à la chirurgie esthétique. Soi-disant partie une semaine en thalassothérapie, elle revient trafiquée, et se plante devant lui : « Devine ce que j'ai fait refaire et qui ne se voit pas du tout ? »

Il faut être au point, sinon pas de rencontre.

Et pas de rencontre, pas d'histoire.

Le fêtard qui se propose pour un « *one shot* », d'un air de me dire que c'est toujours ça de pris et une sacrée aubaine.

Vivre vite avant de vieillir.

Cette amie qui ne veut pas vieillir, parce que quand on vieillit, on est aimé pour ce qu'on est.

Il avait soixante-seize ans, les poumons fichus, et l'infirmière le lui expliquait le plus affectueusement possible : « C'est normal que les greffes aillent aux plus jeunes, monsieur Capitani. »

La maladie les retarde.

Il en faut de l'amour et de la patience pour épauler le malade.

Cette amie, quarante-sept ans, malade : « Tu vois, ce qui est terrible, c'est que le cancer fait voir l'amour. »

Elle pense qu'elle a un cancer du sein, et tout de suite lui vient cette idée que ça va être une épreuve pour l'homme qui l'aime.

Elle conseille à son amie de ne pas désespérer. Elle lui parle de l'époque où elle, quand elle entendait la chanson « *I've got you under my skin* », ça lui rappelait seulement qu'elle avait de l'eczéma.

Cet homme qui avait subtilisé les résultats d'examens d'un autre, et qui voulait faire croire à sa petite amie qu'elle ne pouvait pas le quitter, puisqu'il avait donc un grave cancer.

Une hystérique. C'est le moment de la crise aiguë. Le psychiatre met les proches en garde : « Ne la faites pas parler, sinon ça va la faire dissocier encore plus. Le mieux : peu de mots et votre amour indiscutable. »

Psychiatre et psychanalyste, Montparnasse. Elle m'apprend que les trisomiques, en thérapie, ont ceci de bouleversant que leur interrogation est la même que la nôtre. Qui suis-je au milieu des autres ? M'aiment-ils ?

Le matin, je lavais ma grand-mère.

Le garçon à côté de qui on me place dans un dîner, et on me suggère de faire l'amour avec lui au moins une fois pour voir si vraiment il n'y a rien entre lui et moi.

Je comprends, aux gens qu'ils me présentent, de quoi ils pensent que je vais me contenter.

L'ami qui me harcèle, pour que je baisse mes prétentions : « Bon : moi, déjà, j'ai envie de toi. Maintenant, pense au nombre de cas où aucun des deux n'a envie de l'autre. Bon, nous on part avec une chance inouïe ! »

On me demande pourquoi je ne fais pas l'amour avec un bon copain, tout simplement.

Il me dit : « Tu es folle si tu crois qu'on va t'aimer, comme ça, juste en te rencontrant. »

On dirait que j'ai du culot de rechercher une bonté pas commune.

Ce qui se présente à moi, à la place : cet allumeur rencontré dans une station-service, sur l'autoroute. Sa réflexion : « Dommage qu'on n'aille pas dans le même sens. »

Dommage toi-même.

Ou bien cet homme-ci : comme il voit que je le remarque, il m'ignore. Ça commence fort.

Un homme que je n'ai vu qu'une fois et qui m'est indifférent, des amis plaident : « Revois-le : il faut donner une chance au produit. »

Exemple de chance, donc, pas donnée au produit : il aime à la folie une jolie blonde avec la raie au milieu. Il l'aime si fort que le jour où elle coupe ses cheveux, il en prend aussitôt une autre comme il aime.

Ils vivent comme des porcs, ils mangent comme des porcs, ils baisent comme des porcs.

Ce que disent si drôlement les articles des magazines féminins, c'est ce que j'endure.

Je le sais, c'est moi qui les écris.

J'essaie, par mon humour, de sortir les femmes de ce matérialisme.

Le capitalisme jusque dans l'amour.

D'ailleurs, ils ne produisent qu'en fonction de la demande. Ça va jusque-là.

Le désespoir de cette jeune Iranienne lorsqu'elle comprend que, malgré toutes les facilités du monde capitaliste, l'amour reste un problème.

On m'invite à un thé, esplanade des Invalides. Chez un homme richissime. En fait, c'est un casting, avec toutes les femmes assez jeunes et disponibles (une dizaine) de ce petit milieu très riche. Je suis une de ces femmes. Lui, l'homme richissime, en scrute sept, de ces femmes, et en retient deux, dont moi. Le bonheur, non ?

Leurs solutions me sont étrangères.

Cette amie est formelle : « Il faut basculer le bassin, rentrer son ventre, ensuite l'avaler en le faisant pivoter dans les côtes : sinon, ne t'étonne pas de ne rencontrer personne. »

Les rencontres, comme s'ils en faisaient.

Alors que c'est la solitude et les grelots.

Il est le gérant d'un restaurant en haut des pistes, dans les Alpes, à 1 800 mètres d'altitude. Le dernier téléphérique est à 17 heures. Après, c'est la solitude : « Je n'ai pas de femme : note que je n'en veux pas. Non, mon souci, c'est que le blanc me déprime. »

Le collègue le met au parfum : ça n'est pas ici que tu vas rencontrer quelqu'un. Il lui montre l'hostilité du chantier, le bruit, les marteaux piqueurs, les soubresauts des planchers provisoires, les trous. Bien sûr, il y a la grue. Qu'il ne se fasse pas trop d'illusions : « Même monter sur la grue est extrêmement réglementé. »

Celle-ci dresse des listes des vêtements qu'elle va s'acheter pour plaire à l'homme qu'elle ne rencontre pas.

Elles sont très sympathiques, ces amies qui font le point sur leurs objectifs, dans ce café à la mode. Il y en a une qui résume : « L'homme idéal, et à la limite, on le partage. »

Je leur explique : « Vous voulez des héros ? Soyez des héroïnes. »

Ça comprend rien.

Je leur explique comment, dans l'Italie des contemporains de Pétrarque, les femmes poétesses parlaient à l'idéal.

Pour elle, l'idéal, c'est que ça se passe bien. Dans l'idéal.

Elles ne demandent pas la lune. C'est pas *Le Petit Prince*.

Elle veut quelqu'un qui l'aime et l'accepte avec toutes ses faiblesses. Mais attention, si l'autre a la moindre faiblesse, elle le lapide.

Elle me le décrit : « Un prince : une grosse, grosse, grosse fiotte. »

Elle lui dit : « Tu serais un prince que, de toute manière, ça ne m'intéresserait pas. » Et il lui révèle que c'est le cas, il est prince.

Voir un prince, ça calme.

Fi de la fantasmagorie, elle renonce au

prince charmant pour épouser un homme normal. Et maintenant, chaque fois qu'elle fait l'amour avec cet homme normal, un Cupidon se tient debout devant le lit, consterné, comme quelqu'un qui a fait le voyage pour rien.

Plaquée par le prince charmant : lui aussi, il cherche, figure-toi. Il saurait si c'était toi.

Une nuit, je rêve : lui, c'en est un vrai. Il marche dans Copenhague, allant retrouver la femme à propos de qui personne n'a son mot à dire.

Une phrase un peu pompeuse, mais de temps en temps j'aime bien : « Il y a dans mes rêves un homme qui s'appelle J'Existe. »

« Les rêves des gens, ça n'est pas intéressant », on me dit. Il ne faut pas les mettre dans un livre. C'est le livre, en soi, qui doit faire rêver.

Petite bande de minables.

Attends.

Je vais t'en donner, du rêve.

Quand elle rêve de lui, elle le voit tel qu'il est vraiment, et non pas tel que la vie l'a machiné.

Juste après la rupture, il veut tout le temps dormir, puisque sinon, le regard fixe, il rêve d'elle.

Cette mère, fauchée, impuissante, dans une boutique de jouets : « Mon trésor, la grue est trop chère. On l'examine, et si tu préfères, on jouera à l'imaginer dans tes rêves. »

Il va mourir, et l'aumônier lui demande quel prénom il veut emporter avec lui. L'idée le séduit. Ça le réveille un peu. Il cherche. Hélas, il a beau draguer le passé, aucun prénom ne s'allume. Il revoit des visages, et rien d'autre. Tatouani avec ses yeux bridés : c'est éteint, ça ne miroite pas. Isabelle, la terrible infidèle : éteint. La douleur : éteinte. Les flamboiements des retrouvailles : éteints. Lucie : éteinte. Poussière. Michèle : suréteinte. Gaby la folle : éteinte, détrempée par les larmes qu'il a versées pour elle et qui ont perdu leur sens aujourd'hui. Eh oui, tout est déjà mort, même si ces femmes sont sûrement florissantes de santé quelque part, même s'il est là devant la mort puisqu'un aumônier, tout de même, c'est la preuve. Et pourtant, il n'y a que lui de vivant. Alors, comme il faut dire un prénom, que c'est le jeu, il dit : « Paloma. » Il a toujours rêvé de rencontrer une femme qui s'appelle Paloma. Et celle-ci, elle est bien là. Il la voit. Ah, on peut compter sur quelque chose. Tout ne part pas dans l'oubli.

Saint-Pétersbourg : le rêve d'un homme édifié sur un marais.

L'art, mes enfants.

Cette amie, sur le point de faire l'amour avec un amant sans demander davantage, pour le fun, et qui vient chez moi relire un recueil d'Aragon avant son rendez-vous.

Cet adolescent polonais, qui devine pourquoi je suis une artiste : « C'est devant la pauvreté des sentiments, c'est ça ? »

Le vieux peintre roumain : « En ce moment,

je peins des hommes. Ça fait qu'il faut les aimer. »

Sa vie durant, ce peintre n'a dessiné que des fleurs. Au début à la gouache, puis à l'huile, puis acrylique. La notoriété venue, il sculpte des moules (représentant des fleurs) et paie des petites mains pour couler de la résine dedans. Puis, avec ces fleurs, module des compositions gigantesques, avec aussi quelques papillons, on peut les rajouter au pinceau, en dernier. C'est la série des *Accords*. Tout est dédié à son épouse. Et elle part. Alors, il prend carrément des fleurs fraîches et les trempe dans une préparation acrylique, gamme de quatre couleurs, qui les fige. C'est la série des *Départs*.

Un artisan : tout ce qu'un homme peut faire avec son sexe, il veut le faire avec ses mains.

Oui, mais.

Exposition annuelle des élèves des Beaux-Arts. Il trouve un acheteur pour son installation *Scène de bondage avec urine*.

Le danseur étoile de l'Opéra ne veut plus que danser lui fasse si mal. L'administration lui signale que, s'il n'est pas capable de faire les choses par amour, au revoir.

Voici un homme qui connaît par cœur le poème « Zones » d'Apollinaire. Il se le récite pendant les conseils d'administration. Il le dit au lit à des femmes. La chose mystérieuse : ce poème, il le débite.

Dans un café du quatorzième arrondissement, à Paris, un authentique Giacometti est accroché au mur. Un cadeau de l'artiste. Il venait manger là presque tous les jours. La restauratrice : « Je plains la femme de cet homme : il sentait très mauvais. »

Au musée, un homme à sa compagne : « Tu vois, un tableau qui me touche, et je suis immédiatement quelqu'un qui ne sait faire qu'aimer. Penser que ces artistes avaient tant de mal avec l'amour, que bien souvent pour eux c'était compliqué, alors que moi, au contraire, ils me simplifient, ils me mettent dans la solution, eux qui vivaient le problème, je trouve ça d'une beauté qui ouvre le cœur. Tu m'écoutes, Catherine ? »

Donc, l'art peut ne pas aider.

Ne pas être perçu.

L'art, ça n'est pas tout, alors ?

Je conduis ma voiture avec un carnet entre les jambes, et je me répète : « Et voilà, ça c'est ma vie. Qu'est-ce que j'ai entre les jambes ? De quoi noter. »

Encore pire qu'intellectuelle : voilà ma vie.

Dès que l'amour se réveille en moi, c'est avec des mots.

Cette émission de télévision où est qualifié d'« intellectuel » le candidat qui dit qu'aimer, tout de même, ça compte.

Une fois, un homme me fait le reproche que mon cerveau déborde.

Parce qu'on n'a pas encore parlé de ceux-là.

Lui, ce qui l'effraie chez les femmes intelligentes : c'est que, quand elles perdent la tête, tu as intérêt à être à la hauteur.

Et moi, en plus, qui écris.

Moi qui peux coucher un homme dans un livre.

Le danger que je représente.

En épousant cette jolie Russe de Volgograd, il croyait avoir tout à lui apprendre. Mais il apparaît que la jeune ignorante a lu Maupassant. Ça ruine la relation.

On me conseille d'être moins intelligente. Surtout au début. Après, au contraire, il faut beaucoup d'intelligence féminine pour que le couple fonctionne.

Laisse-moi rire.

Ah, ne pas être trop drôle, non plus.

Le mot misogynie est en dessous de ce que j'ai vu. Il y a quelque chose d'abstrait dans ce mot qui ne convient pas à ce que j'ai vu.

Il croit qu'un gigolo, ça n'a pas besoin d'amour, que ça n'est pas comme une vulgaire pute.

Ou bien les hommes qui pensent rendre hommage à la femme tout simplement parce qu'ils pourraient tomber amoureux d'une pute.

Bangkok, il part se faire masser chez une spécialiste. Elle est jolie, une petite tête lisse, des mains d'enfant comme on avait dit, toutefois elle le masse sans ambiguïté, par-dessus ses vêtements. Comme il s'étonne, elle lui dit : « Mais moi, monsieur, je ne suis pas votre amoureuse. »

Il est : scié.

Sa pancarte dans les rues de Taipei, capitale de l'île de Taiwan. En anglais : « Avec 10 dollars, je fais un repas. Avec dix minutes, je fais un amour. » L'ami qui m'accompagne ne voit pas en quoi cela est ahurissant. Il a vu pire dans les films.

Pute de luxe dans le grand réseau prestigieux, elle épouse un banquier. Tout Paris vient à la fête qu'elle organise dans son hôtel particulier du septième arrondissement, flambant neuf, avec les parquets à nu. Dans chaque recoin, ça commente la soirée. Il ne faut pas parler trop fort, au cas où elle apprendrait de la bouche des autres qu'elle n'est pas amoureuse de cet homme. Mais sinon, pour ce qui est de son idée générale, l'histoire n'étonne personne.

Cet homme me demandait de jouer à être une petite pute et, après, de jurer que je n'avais pas menti.

Il me donne la feuille avec écrit dessus tout ce que je devrai dire quand il me fera l'amour par surprise.

L'abruti de service dans ce café à la mode. Il est content parce qu'il a lu tout un livre qui démontre que l'homme et la femme ne sont pas semblables. La femme n'a pas le cerveau fait pareil. Elle voit moins grand, et c'est pour ça qu'elle trouve le beurre dans le réfrigérateur. L'homme, lui, voit surtout tout ce qui est en dehors du réfrigérateur. Maintenant, quand sa femme l'exaspère, il ne lui en veut plus : ça n'est qu'une femme. C'est du coup devenu plus facile de l'aimer.

Cet avocat se méfie des coups de foudre, ça vous tombe dessus. Sa solution : il est la foudre lui-même et tombe sur les petites assistantes.

Il est jeune, il veut tout essayer. Entre autres, il veut essayer de coucher avec un homme, pour voir quel effet ça fait d'être celui dont on se fout.

Il dit que sa façon à lui d'être homosexuel – ah ! ah ! –, c'est de coucher avec des filles, comme ça après c'est fini, tu n'y penses plus.

Il assène à sa voisine de table que, pendant la sodomie, ah ! les femmes font moins les malignes. Malheureusement pour lui, un des convives est homosexuel, et ça va mal se passer.

Un défaut qu'il affectionne chez la femme, c'est trop de poitrine, une trop grande bouche, pas trop de raffinement, et un air vide.

Au moment où, nue, moite, elle se cabre en poussant des petits cris, ça lui échappe, il dit : « Et ça vote ! » Un mot de trop, à en juger par la suite.

L'inculpé au juge. C'est un Ukrainien, il ne maîtrise pas notre langue. Il cherche le mot en français : « Comment on dit en français quand un homme a tué sa femme alors qu'il en avait tout à fait le droit ? »

Celui-ci, personne ne peut l'empêcher de penser que les femmes ont du culot de demander à ce qu'on les lèche, quand on voit ce qu'elles ont entre les jambes.

Il pense que la supériorité de l'homme sur la femme, c'est que l'homme, lui, peut faire l'amour sans prendre aucun risque.

En substance, Mister Brain m'apprend qu'il ne considère comme ses égales que les femmes qui admettent la supériorité de l'homme.

Ce connaisseur est d'avis que la femme est beaucoup plus vicieuse que l'homme puisqu'on peut déclencher ça en elle.

Ce grand esprit se croit supérieur pour la simple raison qu'il ne peut pas contrôler ses érections.

Cette parfumeuse sait ceci : « Les parfums mixtes, on les met côté hommes. Si on les met côté femmes, les hommes ne veulent plus les acheter. »

Lui, il reconnaît qu'il a peur des femmes : « La peur, c'est votre faute. Mais on est les plus forts. »

C'est-à-dire, c'est comique.

Les femmes sont pires, ils disent.

Car aussi bien que les hommes, elles peuvent donc être atroces, elles peuvent être abominables.

Celle-ci, il n'y a que quand elle dit à son mari qu'il est lâche qu'elle lui accorde quelque chose. Le droit de l'être, notamment.

Elle me résume : « Il avait une si petite bite que, quand il m'a déclaré, comme ça, tout de suite, qu'il m'aimait, j'ai pensé : « Le pauvre, il n'a aucune autre solution. »

Sur la question de la taille du sexe : il le leur faut en caricature, sinon elles ne le voient pas, ces sinistres aveugles.

Super-vache, elle dit à l'exhibitionniste : « Moi, je ne vois rien. »

Cette femme qui ne peut tolérer la vue d'un pénis, dans une crique isolée. Elle tance le nudiste : « Voir ça, c'est repoussant. »

Celle-ci n'a pas de mots pour dire à quel point elle aime les hommes, et faire l'amour avec eux. Elle décrit le sensationnel de ce corps contre le sien, la masse, le pénis mirobolant, symbole de plusieurs choses même si on n'a pas le temps de s'étendre, la peau très douce en ces endroits, la majesté de la chose. Non, elle ne saurait vivre sans ça. On l'écoute, bluffés. Y a qu'un détail, et qui vient en dernier, c'est qu'elle ne veut pas avaler le sperme : « Qu'il se le garde. »

Avec une jouissance non dissimulée, cette femme dit que, en tant que chef d'entreprise, elle pense ceci : la femme sera l'égale de l'homme le jour où la patronne écartera les jambes et obligera l'homme à lécher, et le mettra dans de telles conditions qu'il ne pourra même pas s'en vanter. Pour sa part, elle est en marche vers ce progrès. Il faut des pionniers dans tout.

Elle prétend que l'amour et la haine, c'est pareil. Son compagnon, non loin de là : « Ça lui épargne l'un des deux sentiments. »

La haine. Ça ne m'étonne pas qu'on ait appelé un film comme ça.

Cet ami que je désole : « Toi, ma pauvre fille, c'est trop facile : tu ne hais personne. »

Elle reste avec lui uniquement pour le haïr, comme ces pauvres gens qui se mettent devant le pire programme télévisé, pour vomir dessus.

Elle sonne chez la maîtresse, et immédiatement comprend son mari. La fille a de bons yeux francs. Celle-ci, ça va être dur de la haïr. Elle se dit : « Il va falloir puiser profond. »

Ils veulent l'amour. En attendant quand tu leur donnes une occasion de haïr, il faut voir comment ils se surpassent.

Un jour, j'en ai eu plus que marre d'avoir une sexualité où c'était la haine.

Et j'ai tout arrêté.

Tant pis, j'attendrai.

La violence, dont on me certifie qu'on l'a tous en nous.

Pourtant, ma condition féminine : si une personne se coupe le doigt, ça me fait mal aux couilles.

Pourtant : ce pêcheur à Kefalonia, en Grèce, embêté de prendre les poissons.

Mais ceci : dans ce pays d'Amérique du Sud, le tortionnaire de cet homme est une femme, elle lui caresse le sexe jusqu'à ce qu'il bande. Il a beau se dire que rien n'y fera, l'érection finit toujours par arriver. Quand la verge est bien dure, il ne reste plus à la femme qu'à planter une aiguille dedans.

Cet homme qui avait peur de mon attachement. Sa mère, jadis, lui plantait des fourchettes dans le dos de la main.

Dans les lettres de recours en grâce des condamnées à mort du XVIIIe siècle, conservées aux archives judiciaires, on voit nettement qu'à cette époque, quand les femmes battues se défendent au point d'assassiner leur mari, la justice les achève.

Comme le psychiatre lui suggère de faire le deuil de cette femme, lui il enclenche aussitôt le processus, parce que le plus dur, c'est de démarrer, de commencer par le commencement. Alors il se lance : il la tue.

On l'a tous. En nous.

Elle ne veut plus de lui, il lui écrit : « De trois choses l'une. 1) Tu es névrosée. 2) Tu es lâche comme un homme. 3) Tu ne sais pas prendre de plaisir. »

Ensuite, il me demande ce que j'en pense.

J'en pense que c'est violent, mais il ne voit pas en quoi c'est gênant.

Puisque qu'on l'a tous en nous.

Le texto que ce garçon lui a envoyé, elle le trouve marrant et le lit à tout le monde en se moquant : « Tu es contre mon cœur, et je garde ma main à ma poitrine pour que tu ne sois pas ballottée de partout. »

Demande-moi ce que j'en pense, pour voir, du fait que tu te moques.

Et ce frimeur face à moi : il préférait penser qu'il était un salaud. Parce que sinon, l'autre possibilité, c'était qu'il était un idiot.

Pendant ce temps, moi j'écris : « Je réalise qu'il y a sûrement de belles choses dans votre vie pour que vous ayez des scrupules à la déstabiliser. »

J'écris : « Et qu'est-ce que j'en sais, moi, de l'amour dans la vie des gens ? De ce qu'aimer représente pour vous, et aussi comme danger. »

Mon cas est désespéré si je ne rencontre pas un homme assez généreux pour me prendre avec tous mes mots.

Je suis comme ceci : quand j'écris, je souris.

Même quand c'est drôle, mes mots ne sont plus que la paume qui présente ma bonne volonté au monde. Et tant pis si ça, c'est une belle phrase très écrite.

Écrire plus jamais ne sera une défense.

Si j'y arrive.

Où est l'homme susceptible de voir que la grande féminité, c'est ça aussi ?

À la sortie d'un de mes livres, cet homme, et moi j'étais pendue à sa réaction, qui me disait : « Quand tu écriras un vrai livre, je le lirai. »

Et cet homme qui ne veut pas lire ce livre parce que ça parle un peu de lui.

Et quand quelqu'un, devant lui, dit que ce livre est raté, il hoche la tête affirmativement pour que personne ne se doute qu'il est dedans.

On me téléphone des États-Unis pour savoir si ça m'intéresserait d'écrire, pour la télévision, l'histoire d'une fille trop intelligente et à part pour être aimée par un vrai homme.

On a pensé à moi.

Trop honorée.

J'ai parfois la tentation d'arrêter ce que je sais faire, de me jeter dans une relation avec un gentil garçon, un type un peu seul, un peu banal, de faire des enfants avec lui, de me forcer, de m'y faire, et qu'enfin, une fois pour toutes, les gens soient contents pour moi.

Ça n'est pas qu'ils voudraient me voir à deux, c'est plutôt leur incapacité à se voir seuls.

Entendu : « Au lieu d'écrire, aie un peu le courage de vivre. »

Entendu : « Prends un homme qui passe, et entraîne-toi. »

Un autre : « On ne viendra pas te chercher. »

Tous ces méprisables pour qui aimer, c'est se mettre sous le nez de l'autre, quoi qu'il regarde.

Elle me vante cet homme comme amant potentiel : « C'est le genre qui ne t'aime pas, et ne te le fait pas sentir. »

Trop tentant.

Si encore ça faisait envie, leur vie.

Leur mille façons d'exprimer l'amour, dont on pourrait parler : « Attends, tout ça je le fais par amour, putain ! Alors si tu n'es pas contente, tu te casses ! »

Il y a deux heures, les colocataires pouvaient

entendre que ça tonnait dans leur appartement. Elle hurlait : « Je te conchie ma bile », et lui hurlait : « À genoux, et tu la manges ! » À présent, ils sont là, à la piscine de la résidence, et même s'ils ne jouent pas au ballon, on constate qu'ils ont descendu un ballon, au cas où ils auraient envie de jouer.

Le moindre cri, en plus, et je me désagrège.

Donc, impossibilité de vivre quoi que ce soit.

Une nuit, un cauchemar où un ogre me hurle ces mots, le sabre au poing : « Je vais te faire taire. Prends-toi bien ça là où vit ton langage ! »

Tellement ogres et cris me terrorisent.

Même les cris pas criés me terrorisent.

Je m'explique : l'été. La maison, construite par Mallet-Stevens, surplombe le golf. La journée, on fait du bateau et on a de l'humour, mais le soir, le maître de maison boit et devient fou. Il tire sa femme par les cheveux et l'emmène dans la chambre. De là, on entend des choses qui tombent. Pas un cri venant de la femme, ni de lui. Ce sont des gens qui ont une certaine éducation.

Un homme qui voulait me tuer pour la simple raison que je le trouvais malhonnête.

La vitesse à laquelle on peut devenir un fait divers.

Il la tirait par son oreille la plus sensible, celle qui avait été opérée, et la menait vers la chambre.

Un jour, elle se livre : « On se laisse frapper parce qu'on n'a mal que le lendemain. »

Dans une crise de jalousie, cet homme lui casse trois côtes. Elle a besoin de la voiture pour aller à l'hôpital et il apparaît qu'elle ne peut pas conduire tant elle souffre. Il l'accompagne : « Tu vois bien qu'on est inséparables. »

À chaque coup qu'il lui porte, elle se console en se disant qu'elle ne l'aime pas.

Comme il la revoit, vingt ans plus tard, il nie qu'à l'époque il la frappait du plat de la main. Elle se trompe. Ce qu'il faisait : il lui faisait juste peur avec intention, au final, de la caresser.

Elles savent que je sais.

La fois où je me sens coupable parce que je dis « Désolée, je ne t'aime pas » à un homme qui n'est pas violent.

Est-ce que l'amour les rend meilleurs ?

Non.

En droit pénal, une peine infamante, c'est obliger le condamné à porter sur son blouson le libellé de son crime. C'est en vigueur aux États-Unis. Et ces deux amoureux trouvent que c'est une idée géniale.

Cet homme qui a adhéré à une puissante organisation d'extrême droite. Il a planté des couteaux, il a piétiné des valeurs, puis il a trouvé l'amour. Il est resté un monstre, sauf qu'en plus, à présent, il est heureux.

Regarde ce leader d'extrême droite. Sans hésiter, il s'est choisi comme slogan : « Je suis de l'espèce amoureuse. »

Celui-ci, l'amour est encore la langue qui l'attire le plus. Il se repaît des beaux accents que ça peut prendre. C'est un monde, une grammaire. Il y a des verbes, et il y a même, eh oui, des sujets. Il peut t'en parler des heures. De l'avis général, il a juste ce problème que quand la femme est là et qu'il faut faire une phrase complète, il n'y a plus personne.

Stop.

On me dit que c'est le moment de parler des couples unis.

Ne pas donner l'impression que je n'y crois pas. Surtout vu à quel point j'y crois.

Un couple uni, et je le décris de toutes mes forces : Frédérique et Louis. Et puis après, je ne sais plus quoi dire.

Souvent, ils n'affichent pas trop leur amour,

pour pas que les gens trouvent décidément la vie trop injuste.

Mais ceux-ci, tout de même : couple de clochards, rue de Passy à Paris. Ils se tiennent la main : « Si l'un de nous meurt, la rue sera intenable. »

Ou eux : ça se voit qu'ils s'aiment. Quand elle s'énerve, il la contemple, ébloui.

Ces temps, les larmes me montent sans cesse aux yeux et sais-tu sur quoi je pleure ? Sur la gentillesse, parce que je me doute bien qu'elle existe.

Une phrase chez Duras : « Comme tout le monde, il attend l'occasion de la plus grande gentillesse. »

Car leur sidération à tous devant la bonté.

Il l'en conjure : « Quand je suis méchant, mauvais, lamentable, il faut me le dire. Sinon, vous m'abandonnez à ça et c'est horrible. »

D'ailleurs, ce qui désespère celui-ci, c'est

que, si on ne veut pas de lui, il ne se sent plus la force d'aller dans le monde avec bienveillance.

Ou bien cet homme, jardinier de la Ville de Paris. Il passe la tondeuse : « Je décapite des fleurs toute la journée. Si je ne retirais pas des ronces avec, ça ne serait pas vivable. »

Cet homme et cette femme dans un café à Lisbonne devant le Tage. Comme la femme lui fait voir, par un dessin sur la nappe, qu'il est une boule compacte avec quelque chose qui palpite au fond – la gentillesse –, il tombe dans les pommes.

Cette élève de terminale. Tous les garçons tombent amoureux d'elle : elle veut bien leur montrer comment baiser, en faisant semblant que c'est eux qui savent.

Je l'ai fait, une fois. Prélever délicatement une chips du bol. La porter à mes lèvres. Mettre la chips dedans. Ne pas croquer. Laisser fondre au contraire, alors que je n'aime que ce qui croustille. Puis avaler, en douceur, sans trop déglutir. Tout ça pour ne pas faire de bruit. Tout ça parce que à côté de moi, dans ce lit, il y avait cet homme qui dormait.

En général ils n'ont jamais vu ça.

Et c'est pas compliqué, parfois ils continuent de ne pas le voir, même si c'est sous leurs yeux.

Si besoin est, ils ne voient pas que malgré les remontrances, la boulangère reste d'excellente humeur. Et que c'est absolument digne et héroïque.

Si besoin est, ils ne voient pas que quelque chose en eux aussi pourrait s'améliorer.

Ils ne voient pas où on leur tend la perche. Ils s'en méfient comme d'un javelot.

Pourtant, le petit garçon essaie avec la petite fille : « Ne dis pas bêtement : "Igor, je ne t'aime pas." Dis plutôt : "Toi, ô oui tu es mon roi !" »

Moi aussi, j'ai essayé.

Aurai-je la force d'essayer de nouveau ?

Allez, je serai un jour cette femme qui viendra dans ton dos, se coller à toi, et je passerai mes bras le long de ton corps, et devant toi, il y aura mes deux bras que je ferai danser au-devant comme si c'étaient les tiens, alors que les tiens, ils seront ballants, reposés. Tu fermeras les yeux. Non pas que tu ne veuilles pas voir. Au contraire.

Je t'emmènerai dans les lavandes. Les abeilles ne te feront aucun mal.

Un dîner professionnel. Je serai obligée de dire des banalités. Tu auras une compassion infinie pour les bêtises que je proférerai.

Mais le plus souvent, ils se mettent en couple, et hop, ils n'aiment pas.

On dirait même que ça autorise.

La façon dont on me le résume : « C'est pas "Je t'aime" tout le temps. »

Le plus souvent, leur vie n'est qu'un effort pour oublier qu'ils sont à deux.

Quelqu'un me demande ce que je fais de mieux, si on excepte mes livres ?

Je ne sais pas quoi répondre.

Ils me disent que je me trompe. Que ça n'est pas si terrifiant, leur façon d'être unis.

Est-ce que j'invente cette femme, à la plage, qui va nager longtemps au large pour faire comme si elle était célibataire ?

Est-ce que j'invente cet homme qui marche dix pas devant sa femme et ses enfants ? Il veut son indépendance.

Il quitte sa femme, il quitte sa maîtresse : il a le droit à l'amour, merde !

Ces hommes à la fenêtre de leur vie, le buste au-dehors.

Cet homme, sa femme me dit : « Il est autiste. »

Mais moi je comprends qu'il se taise.

Quand son mari entre en analyse, celle-ci se

fait immédiatement un sang d'encre. Ça l'énerve que ce nul veuille progresser, et d'ailleurs elle me le résume très finement : « Ça sent le bonheur. »

Il ne l'aime pas, donc il se trouve à l'aise pour la supporter sans que ça l'atteigne.

Parfois, il veut qu'elle argumente ce qu'elle entend au juste par « Je ne t'aime pas », et qu'ils étudient en quoi ça dérange quoi que ce soit.

Ça n'est pas un expansif, il lui dit : « Si je ne t'aimais pas, je te le dirais ! »

Toutes les fois où ça m'est confirmé – ces gens ne s'aiment pas – et où j'en suis secrètement satisfaite. Alors que ça va contre tout ce que je suis, tout ce que je souhaite.

Où j'en suis, quand le dépit me fait faire des théories.

Parfois, tout simplement je compte ceux qui ne s'aiment pas.

Quelle honte. J'ai honte.

Saint-Germain-des-Prés. Une pièce claire dans une maison quasiment de campagne. On monte par un escalier biscornu et charmant, quasiment un petit pont. C'est plein de verdure et de pavés que l'herbe a descellés. Ensuite, le divan dans les tons pain brûlé, quand le soleil vient là-dessus ça s'embrase. Et puis le fauteuil extrêmement confortable, Charles Eames. Et par-dessus ça, la fameuse neutralité bienveillante. Curieusement, parfois la beauté du coin ne suffit pas, et cette psychanalyste est forcée de s'interroger quand malgré ça un patient dit : « Je ne vous aime pas beaucoup. »

Parfois, une attention. Elle lui dit : « Je ne suis pas amoureuse de toi. » Car « Je ne t'aime pas », ça ne sort pas.

Parfois, rien. Elle dit régulièrement à cet homme : « Je ne t'aime pas. » Sauf que lui, il répond toujours : « Mais si, mais si. »

Je ne peux pas juger mal les gens sous prétexte qu'ils restent à leur niveau. Moi, je monte trop haut, mais il n'y a pas de quoi être fière : c'est par peur du réel. Donc, je n'ai pas le droit de juger.

Je vais me gêner.

Cet enfant à qui je demande : « Pourquoi tu lances du sable à cette petite fille, toi qui es si gentil ? » Sa mère me sermonne : « Et s'il ne l'aime pas ? Pourquoi tu veux le coincer dans la bonté ? »

Il est malade, et elle, c'est la voisine. Cette semaine-là, elle s'occupe de lui. Elle lui lit un livre de Blaise Cendrars, *L'Or*, où un homme réussit à monter au sommet du monde. Elle lui confectionne des petites salades de champignons de Paris, citron et coriandre, l'écoute et l'épaule. Sa fièvre tombée, il me dit d'elle : « C'est une débile affective. »

L'exercice de la cruauté. Même si ça ressemble à une formule.

Il n'a pas conscience que ce qu'il appelle « les jours heureux », c'était quand sa cruauté s'exerçait sur moi.

Ça amuse ce type de faire croire à cette femme que, neuf fois sur dix, les hommes urinent au lieu d'éjaculer.

Si même un enfant peut se montrer résolument atroce et cruel, alors lui, à cinquante-trois ans, part du principe qu'il peut bien l'être aussi. Y a pas deux poids, deux mesures.

Parfois, mes yeux s'ouvrent et voient ceci :

Jardins du Ranelagh, dans l'ouest de Paris. Pour mettre un peu d'ambiance, ce jeune père raconte l'histoire de cet enfant qui dit « au revoir » à sa mère et quitte le bac à sable. Et puis on ne le revoit plus jamais.

L'amant : une nuit où une de ses maîtresses sonne à sa porte, il fait croire à celle qui est dans son lit qu'il ne faut surtout pas faire de bruit, que ce sont des tueurs, et qu'il vaut mieux pour elle qu'elle ne connaisse pas la raison de leur visite, et qu'elle parte par les toits.

La femme : elle lui dit mauviette tu n'as qu'à dormir par terre à côté du lit, comme ça si je tombe dans la nuit, on sera sûr au moins que c'est sur quelque chose de mou.

Le psychanalyste qui regarde la nouvelle patiente : « Je ne sais pas encore si j'ai envie de vous prendre. »

Le photographe : il convainc les petites Slovènes que c'est pour leur futur book.

Le rabbin : celle-ci a eu un grand mariage juif. Puis, le divorce. Chez les Juifs, une répudiation. Le rabbin lui dit qu'elle croyait quoi ?

Le prêtre : alors que la veuve est là devant le cercueil, il dit que le défunt est certainement très heureux que Dieu le rappelle enfin dans l'amour.

Écoutez, c'est sans fin.

Pourquoi j'écoute ça ? Commère, comme ma mère, quand elle regarde *Les Feux de l'amour*. Sauf qu'elle, elle est seule. Elle glane ce qu'elle peut. Alors que moi, comme elle le dit si justement, je suis toujours dehors.

Combien on dépend de la mère.

Et la première chose à laquelle je pense, à propos de la mère, c'est le joli gay, arc-bouté sur ses bâtons de ski, devant à peu près l'immensité des Alpes : « Non, ma seule limite, c'est le corps des femmes. »

Et la seconde chose à laquelle je pense, c'est à la réflexion de cet ami : « En plein acte homosexuel, dis donc, je réalise que c'est pas ça non plus. »

Souvent, leur extraordinaire humour.

On se demande bien pourquoi.

« Le secours de l'humour », je l'ai lue, cette phrase, quelque part.

Quartier du Marais, un homme lui fait de l'œil. Il me demande aussitôt : « Pourquoi toutes les femmes sont pas comme ça ? »

Il dit qu'il aime les garçons. Comme ça, c'est

mignon. Ça n'est pas tout à fait n'aimer que les hommes.

Celui-ci, au contraire, n'en peut plus de bonheur d'être homosexuel. Il veut absolument que ce soit génétique, et en gros, finalement, dès qu'il peut se rassurer avec du concret, il fonce.

D'un côté, il proclame le droit à la différence, et de l'autre il dit que seul un homme sait sucer un autre homme.

Il prend son trou de balle en photo, et le Palais de Tokyo trouve que c'est une œuvre d'art. Ensuite, comme il se sent accepté et aimé, il fait visiter.

Le vendeur de la boutique de thé est architecte de formation. Pourquoi il vend du thé : trois ans auparavant, son petit ami tombe malade. Le sida. Stade avancé. Il demande une disponibilité d'un an à son employeur. Le patron le licencie avec ces mots : « C'est trop facile : tout le monde n'a qu'à choisir la marginalité ! »

Après une phrase malheureuse, ils détrompent ce collègue homosexuel : ils n'ont rien contre lui. Quand ils disent « On n'est pas des pédés ! », ça n'est pas dirigé contre lui, non. Ça n'est qu'une expression, ça veut juste dire « On est de vrais hommes. »

Ces deux femmes à qui je demande si elles sont sœurs : « Non, on est juste ensemble. »

Partis de la mère.

Cette amie, illuminée par les débuts de son analyse : « Tu noteras que, chaque fois qu'on se souvient de quelque chose, ça a rapport avec l'amour. »

Personne n'a jamais vraiment contemplé son corps, ou alors enfant, quand il était tout petit, sans doute pour voir s'il était conforme. Il se souvient, peut-être, oui, à la maternité, quelques minutes après sa naissance, un regard longtemps posé sur la couveuse. Mais de qui ?

Il est neurologue : « Au réveil, Jacques, ce sera à vous d'agir pour le langage. Choisissez un mot simple, et par pitié dites-le jusqu'à ce qu'on l'entende.

– Maman ? »

Quand sa maman sanglote de cette façon, ce petit garçon s'en veut d'être un homme.

Ce petit garçon, laissé à la garde du père : « Maman, 'bite plus ici. »

Elle croit qu'elle peut exprimer ceci à sa fille : qu'elle ne comprend pas comment une femme peut prendre du plaisir à être réduite à rien.

Cette mère parlant d'amour, tentant le tout pour le tout, pour que son enfant puisse grandir quand même.

Cette autre : « Ton père n'avait pas de désirs, il avait des besoins. »

Mon père, très lunaire, et une amie de lycée qui m'avait dit de lui : « Il est incroyable ! On dirait un homme écrit ! »

C'est possible que je ne sache pas ce que c'est, un homme.

Une copine de classe, à la même époque : « Il m'offre un maillot de bain en septembre : mon père. Typique. Il ne voit pas que je suis une femme. »

Elle ne fichait rien au lycée. Elle voulait être vendeuse dans une boutique de jeans. Elle s'en contretapait, de l'instruction. La culture, elle en avait une. Musicale. Elle avait son monde, le monde des jeunes. Alors, l'espoir fou de son père : « Elle est bien foutue. Au moins, ça ne se passera pas trop mal côté cul. »

Combien j'enviais ceux que je croyais être les gens normaux.

Par exemple, avoir un père qui ne soit pas un homme écrit.

Il y avait dans la poésie de mon père une trahison supplémentaire à le désirer.

J'ai souvent peur, en aimant un homme, de le choquer.

Œdipe réussi. Ce père dit à sa fille de neuf

ans qui vient se frotter contre sa cuisse : « Écoute, non. »

Mon père me disait : « Est-ce que tu sais imaginer ? »

Cet homme au-delà de la douleur, à Saint-Nazaire : « Au fond, quand ma fille est morte, j'ai regretté d'avoir été arrêté par cette histoire du tabou de l'inceste. Et qui avait des leçons à me donner quand le bonheur était à portée de main ? »

Celle-ci. Grosse surprise, au hammam. Elle a tout épilé, ça fait comme une petite fille : « Comme ça on voit où on va. »

Celle-ci, mère de deux enfants. Comme son fils n'a plus de femme, elle se tourne vers sa fille : « Pourquoi tu vas pas avec lui ? »

Tiens, avec cet ami, nous étions tellement comme frère et sœur que tout le monde voulait nous marier.

Ou bien mon frère. J'étais la seule, moi sa

petite sœur, à qui il parlait comme ça, aussi près du nerf des choses. Je lui donnais un coup de poing, il se penchait vers moi : « Encore fâchée avec l'amour ? »

Elles décident qu'elles sont sœurs. Comme ça, elles se voient plus souvent et elles peuvent coucher avec les frères de l'une et de l'autre.

Il entend l'une de ses sœurs : « Ça fait deux semaines que j'ai pas tiré. » Et l'autre, avachie dans le canapé, qui rit. La vulgarité les défigure. Il ne supporte plus d'entendre leur cul dans la bouche de ses sœurs.

Sa sœur, une conne de première envergure, d'ailleurs l'aînée, prétend que les parents la préfèrent parce qu'ils la connaissent depuis plus longtemps.

Une phrase que je proférais, enfant : « Si je décide que tu es mon frère, tu peux tout me faire. »

Mais tenir compte du fait que parfois j'écris les phrases uniquement parce qu'elles riment.

Et la vérité ne sort pas de la bouche des enfants, attention.

Enfant, aucune vérité ne sortait de ma bouche. Que des mensonges, comme je voyais faire. On est des petits singes, je l'ai lu.

J'étais mythomane. Je disais : mon père est en prison.

Je disais : je suis la fille de Gary Cooper, l'acteur.

Je disais : je suis venue sur terre.

L'enfant que j'ai été et qu'il me faut maintenant regarder, opaque, sur des photographies.

Les enfants que je n'ai pas faits.

Peut-être pour toutes ces raisons.

Mais : mon extrême attention à toute enfance.

Cette mère à son petit garçon, en attendant son tour devant la rôtisserie : « Alors, dis-moi encore une fois : tu l'aimes à quel point, ta maman ? »

Elle convainc son enfant que si la police entre dans la pièce et constate que cet enfant-là n'a pas fini son riz, c'est possible que la police emmène cet enfant, et alors même elle, avec tout son amour, ne pourra pas intervenir.

Les parents avec la nounou : ils changent de nounou tous les neuf mois, sinon l'enfant s'attache trop et souffre.

On a envie de leur prendre leurs enfants et de les élever à leur place. Mais les enfants ne vivent pas d'amour et d'eau fraîche, attention.

Je me dis : je ne saurais pas élever un enfant, car ma poésie le mettrait dans l'erreur.

Je n'ose plus prendre d'enfant dans mes bras depuis qu'aussitôt on me demande, dans ce cas, pourquoi je n'en fais pas.

Je n'en fais pas, parce que : où est l'enfant avec qui faire un enfant ?

À sa meilleure amie, qui n'a pas d'enfants : « Ça ne te manque pas cruellement ? »

Il me demande : « Combien de temps ça prend d'écrire un livre, à peu près : neuf mois ? »

Il me demande si j'ai déjà essayé d'arrêter d'écrire pour créer quelque chose.

La chanteuse de variété la plus connue du monde dit que, depuis qu'elle a un enfant, elle ne chante plus pareil. Elle chante mieux, bien entendu.

La Callas, par exemple, chantait mal.

Jusqu'où ces cons mettent la pression sociale.

Cet amant, déçu de constater que je ne me lavais pas les dents exactement trois minutes.

Les mots « pression » et « sociale » ne me font pas mal. Ce sont des mots en caoutchouc, c'est du synthétique.

C'est parce qu'elle avait besoin de sa dose d'héroïne qu'elle a quitté son village, et le quittant elle a découvert que le monde n'était pas forcément l'enfermement dans l'amour à la façon proposée par ses parents. Elle me dit : « Tu vois, tout ce que tu peux dire sur la drogue, c'est à tempérer par le cas de chaque vie. Moi, ça m'a sauvée. »

À un dîner, cet homme expose son cas. Il est célibataire, il est beau. Il a rencontré une femme, et elle ne veut pas de lui. On se renseigne. C'est une femme libre, sans attaches. Puisque cette femme est seule dans la vie, personne ne comprend pourquoi elle ne veut pas de cet homme.

À un dîner, celle-ci nous signale qu'avec un homme dans sa vie, elle est malgré tout malheureuse. Elle ne veut même pas imaginer ce que ce serait si elle n'en avait pas.

À un dîner, ils sont tous sur cette femme : tout le monde la pousse à rompre, parce qu'elle aime un homme en secret.

Une qui se met en marge de la société parce

qu'elle accepte de donner une seconde chance à l'homme qu'elle aime.

Une qui se tait, en bout de table. Elle pense à toutes les fois où elle a cru qu'un homme ne l'aimait pas, uniquement parce que ses amis n'y croyaient pas.

Bien sûr que la vie est au-dessus de ça.

Une fois tous les six mois, toujours par beau temps, ces deux-là se donnent rendez-vous là où ils peuvent. En général c'est un café prestigieux de la ville, et, s'il fait chaud, en terrasse devant un monument ou dans un musée ou dans un parc. Même si la splendeur est en eux, il faut qu'ils soient entourés de beauté concrète pour ce qu'ils ont à faire. Ils parlent de tout et de rien. Ils peuvent se raconter des voyages qu'ils ont faits, elle surtout voyage beaucoup, et ça peut être encore des rêves, des réflexions sur la vie, des choses parfois qu'ils ont notées, et ça arrive même qu'ils sortent de petits carnets avec des notes vieilles de plusieurs mois. Ils se les chipent mutuellement et font semblant de s'enfuir avec. Ils se montrent des photos. Ils s'amusent du spectacle de la rue, le présent existe aussi. Elle regarde où en sont ses cheveux, ça n'est pas si dramatique. Il regarde où en est la mode, c'est par elle seule qu'il le sait. Il aime ce qu'elle porte. Il touche une étoffe. Ils repartent dans une conversation qu'ils ont laissée. Ça dure des heures. Et lui à un moment il s'arrête de parler. Y a un silence. Il lui dit qu'il l'aime. Qu'il en est toujours là. Elle attend un peu, elle a tout son temps, elle respecte le silence. Et pour que les mots soient stupéfiants, qu'on puisse bien les photographier, il faut dégager tout ce qui est autour, le bruit. Puis c'est à son tour : elle dit qu'elle aussi, elle l'aime. Eh oui, bien sûr. Elle aussi, elle en est toujours là. Re-silence sur ces deux êtres. Ils se tiennent par la main. Ils peuvent, maintenant qu'ils savent où ils en sont. Ensuite, ils ne vont pas à l'hôtel, ils ne vont ni chez elle, ni chez lui, ni dans l'appartement d'un ami, ni dans des locaux désaffectés, ni dans un fourré comme il a pu autrefois, vaguement, en être question. Bref ils ne font pas l'amour, juste une étreinte, et ils se séparent, ils repartent vers leur vie jusqu'à la prochaine fois. Leur entourage est absolument furieux qu'ils estiment pouvoir faire l'économie du reste.

Une idée de plus, pour ce livre : « Mais dis donc, pourquoi tu n'écrirais pas juste un beau grand roman d'amour ? »

Quelqu'un me demande : « Est-ce que tu ne sais écrire que des phrases ? »

Je n'y peux rien si une phrase, ça peut être : « Aucun orgasme. C'est quand même un comble. »

Ou encore : « Ça n'est pas que je simule, c'est que j'essaie de m'élancer. »

Cette amie qui couche un peu avec n'importe qui. De toute manière, ça n'est pas vraiment elle qui le fait.

À chaque nouvel amant, elle avoue que le précédent, c'était pas ça.

Je le relève, c'est ça.

Je relève que les gens, par rapport à leur jouissance, sont inquiets.

Leur jouissance est pourtant assenée.

Elle croit que plus tu fais l'amour, plus le corps, à cet endroit, s'élargit. Il y a des cas où tes organes dégringolent. Ça se décroche, n'est-ce pas, comme des pommes. Tu ne peux plus mettre que des pantalons. Sauf si tu te muscles consciencieusement avec une balle entre les jambes.

Celle-ci maintenant qui prétend lire sur la queue des hommes comme sur les lignes de la main, à force.

Celle-ci a cru remarquer que les hommes aux ongles carrés possédaient des sexes énormes. Bien entendu, un jour, la vie lui donne tort, et elle demande à l'homme si ce sont ses vraies mains.

Celle-ci, si on ne lui fait l'amour que deux fois de suite dans la soirée, elle a l'impression que ça n'était que physiologique.

Celle-ci est tellement angoissée que devant l'amour d'un homme, elle craint aussitôt pour son érection.

Celui-ci, ça, il n'a pas de problèmes sexuels.

Sauf qu'il a toujours peur que vous ayez oublié cette information, et dans tous les dîners, dans tous les sofas où vous discutez tranquillement, vous vous cognez sa victoire.

Celui-ci trouve que le sexe, c'est ce qu'il y a de plus naturel. Il ne voit pas pourquoi on en fait tout un monde.

Lui, il devine qu'une femme simule au fait qu'elle se met à gémir. Parce qu'il ne faut pas déconner, non plus.

Il dit que le monde tourne autour de ça en regardant sa bite, et que c'est peut-être même pour cette raison qu'on dit « orbite ».

Dans les fêtes, il s'enivre pour conjurer son angoisse, puis il roule sous la table. On finit par le trouver dans la pièce où sont les manteaux, couché sur une consentante.

Oui, je voudrais que la consentante, parfois, ce soit moi.

Je te l'ai dit, que j'ai souffert.

Je n'étais pas avec un homme, donc les gens se demandaient si je n'aimais pas plutôt les femmes.

Quand tu ne sais même plus si tu es un homme ou une femme.

Quand tu ne fonctionnes plus.

Six ans, et son sexe lui fait mal. Il va falloir décalotter chirurgicalement. Il se fait préciser en quoi ça consiste, puis regarde son petit pénis, puis demande courageusement : « Combien d'années pour cicatriser ? »

Moi courageusement j'ai écrit : « Vous m'avez fait passer une année merveilleuse. »

Une amie, qui a un compagnon et une vie sexuelle, m'assure qu'un bon gynécologue sait au premier coup d'œil depuis combien de temps tu n'as pas eu de relations sexuelles. Et que ça fiche bien la honte aux personnes concernées.

Aux personnes concernées.

Même l'huissier, dans sa lettre, prétendait être passé chez moi sans succès : « La personne n'ayant pu ou voulu recevoir l'acte. »

Ce technicien qui réparait ma connexion Internet : « Le signal est faible : vous pouvez envoyer, mais pas recevoir. »

Je tapais le mot « amour » sur Internet Explorer, et la machine me demandait de préciser ma demande.

Combien de fois j'ai pleuré, parce que j'avais peur que ça se voit sur mon visage ?

Alors, je faisais l'amour avec un homme, et après, j'allais me promener dans les rues pour voir si ça aussi se voyait sur mon visage.

Ces gens pour qui on n'est rien si on n'a pas de sexualité.

Celle-ci rentre d'un raid auto-moto, des biceps jusque dans le cou, les grolles pleines de terre rouge, une queue de cheval. Elle ne se laissera plus jamais mener en bateau : « Un homme qui ne me fait pas jouir, il dégage. »

Elle lit que, pour Freud, la libido n'était pas forcément l'acte sexuel. Gros choc.

Elle lui demande : « Depuis combien de temps tu n'as pas fait l'amour ? » Il répond : « Deux ans. » Elle éclate de rire : « Dis-moi en vrai, imbécile ! »

Jouir.

Ce prévenu trouve spontanément l'image universelle qui va aider les jurés. Il dit, à la barre : « S'évader, c'est comme un orgasme. Vous voyez ce que c'est qu'un orgasme ? »

Ce qu'il appelle jouir, c'est surtout quand tu fais comprendre à la fille que tu ne veux pas la balader, qu'elle est un être merveilleux, et qu'on a pris beaucoup de plaisir ensemble, toutefois qu'on va en rester là, non ?

Ce qu'elle appelle jouir, c'est qu'elle a joui trente fois dans la nuit. Quand on lui demande de décrire cette jouissance, elle reconnaît qu'il s'agit de cette sensation qu'elle ne sait éprouver que seule.

Comme elle a attendu soixante-douze ans pour jouir, finalement un 22 mai à 21 heures, autant te dire que ta petite impatience de gamine, ta foi dans la jeunesse, ça la fait bien rigoler.

Comme Zoran a été émasculé pendant la guerre, ça le fait doucement sourire que tu veuilles baiser pour te sentir vivre.

J'y prenais ce que j'espérais être du plaisir.

Les autres me coiffaient au poteau.

Ils se racontent qu'ils doivent jouir ensemble, au même moment. Bon, ça ne se produit pas. Alors, ce qu'ils font : c'est aux autres qu'ils vont raconter qu'eux, leur chance est qu'ils jouissent toujours ensemble, au même moment.

C'est écrit dans ce journal que pour perdre sa cellulite, le meilleur drainage lymphatique, c'est encore de baiser par à-coups répétés. Bien entendu, c'est comme la course à pied, il faut le faire assez longtemps pour que le corps se décide à puiser dans ses réserves pour tenir le choc.

Moi, ces actes-là, je ne les compte pas.

C'est pour ça, aussi.

Que je suis loin du compte.

Douze ans d'analyse, pourtant, devant cette femme, ça ne le gêne pas d'énoncer : « Ah, si tu es clitoridienne, je ne peux rien faire pour toi. »

Moi, ces gens-là, je ne les compte pas.

Je voudrais oublier jusqu'à leur nom, si leur rapport au corps me répugne.

Une amie me certifie qu'un homme délicat, ça n'existe pas. Eh bien, tu verras.

Être dans un lit avec quelqu'un qu'on n'aime pas. Je ne le peux pas : qu'est-ce que les gens ferment en eux qui chez moi reste ouvert, pour que je ne puisse pas supporter cette intrusion ?

Moi, une fois, j'entends qu'on peut picorer des hommes, et j'éclate en sanglots.

Voilà comme je suis.

Voici comme peuvent être les gens :

Le fait que l'homme puisse éjaculer sans jouir, Mathias Guélard, rue du Canivet à Paris, ne veut absolument pas que ça se sache. Parce que ça dévalorise la puissance masculine, sans laquelle tout s'écroule.

Il est affreusement désagréable tout le temps où, l'épisiotomie n'étant pas cicatrisée, sa petite amie ne peut pas faire l'amour. Si ça doit changer quoi que ce soit à leurs rapports, il n'est pas d'accord. Il le fait sentir. Tous les matins, quand elle sort de la douche, il demande s'il y a un mieux. Et le soir, quand elle le rejoint dans le lit, il avance la main, avec les doigts qui gigotent. Le but, c'est qu'elle arrête la main, certes. Et, au passage, comprenne par là que cette situation n'est normale en aucun cas, ni ne doit s'éterniser, qu'il est un homme, et qu'il n'a pas fait vœu d'abstinence, non plus. Elle a déjà bien de la chance que l'ensemble ne le dégoûte pas.

Celui-ci : « J'ai des désirs comme n'importe quel homme. Prends n'importe quel homme au hasard dans la rue, et demande-lui s'il a des désirs, et tu seras surprise d'entendre que oui. »

Ce que ça pourrait être, à la place : je ne sais pas, moi, il dit qu'il va la faire jouir, et après, il tient parole.

Ou bien : avec le doigt, il écrit des mots sur la peau de son dos et elle doit deviner quelle phrase ça fait.

Elle me dit : « On ne peut pas savoir si on aime quelqu'un tant qu'on n'a pas fait l'amour avec. »

Mais tu es trop conne.

Pour m'approcher, je vous préviens : un homme entre et c'est d'abord dans mon cœur.

Je vous en conjure, d'abord dans mon cœur.

J'apprends là dans un livre que si les hommes ont inventé le langage, ça n'était pas pour se parler face à face. Pour cela, ils disposaient d'un arsenal de gestes. Non, les hommes ont certainement développé le langage pour se parler quand ils ne se voyaient pas. Dans la nuit, par exemple, ou bien à la chasse, un buisson les dissimulant. Le langage, c'est quand les gestes sont insuffisants.

Et ma peur volontiers s'appuie sur ce genre de recherches.

Une fois, un homme. Il vit à Rome, et je rêve de l'embrasser. Pour me rapprocher de cette langue tant convoitée, qu'est-ce que je fais ? J'apprends l'italien.

L'importance du fait de parler.

Oui, mais : le nourrisson n'a que huit jours. Dès qu'on le caresse, il cesse aussitôt de gémir, il se ramollit, ses bras pendent le long du petit corps, ses doigts se détendent, le front se lisse, il est présent au monde. Et ça, je l'observe. Et j'y comprends quelque chose.

Et je suis chavirée.

Un baiser qu'on espérait, et la bouche est le monde.

Et je suis chavirée.

La phrase « Nous avons terriblement besoin d'être touchés » me bouleverse.

Alors.

De plus, je me souviens de cet homme un peu rustre, qui touchait tout avec ses pouces, et dont les baisers étaient pure douceur.

De plus, pour me faire aimer le jazz, on pourrait me dire, et en fait je le croirais sur-le-champ : « C'est la bouche d'un homme qui fait ça. »

Il me disait : « Je vis avec ma bouche contre ta joue, et pourtant ça fait un an que je ne t'ai pas revue. » Je le croyais.

Ça y est, voilà, j'y re-crois.

On me fait redescendre. Un homme qui

dirait prudemment : « Tu me fais fondre », il mentirait. Voilà ce qu'on m'explique.

Ce qu'on me relate de la réalité sexuelle, dont il faudrait que je prenne connaissance : ces deux anecdotes.

1) Dès que cette bête voit un préservatif, je dirais même dès qu'elle le voit dans son petit emballage, elle devient insupportable et veut jouer au ballon. Il ne laisse aucun choix à la maîtresse de ce bestiau : « Sors-moi cette otarie de la chambre. »

2) En mocassins à Barcelone, très chic. Ça ne le gêne pas de te prévenir que, quand tu te fais lécher par un chien, il y a toujours un moment où la bête, une fois qu'elle a lapé le miel ou le sirop d'érable, pour elle ça n'a plus aucun goût, et elle fait ce que font toutes les bêtes, elle croque dans l'os.

Voilà le monde.

Un homme qui rêverait qu'on lui gratte le dos. Eh bien, par gêne, il ferait celui qui n'a pas ce désir.

Voilà le monde, on me le jure.

Des gens qui s'y connaissent. Qui vivent. Pas comme moi qui écris.

Celui-ci, c'est si important pour lui de baiser que, à la limite, il est prêt à ce qu'on l'aime.

Il veut bien renoncer à l'extraordinaire attrait de la jouissance. Sauf que l'amour propose quoi, en échange ?

Idyr, à Beyrouth, finit par se persuader que l'amour, c'est quelque chose qu'on fait.

Et lui, bientôt persuadé que le sexe, c'est ce qu'il y a de plus vrai : au moins on n'est pas là à se raconter qu'on s'aime.

Un qui, à cause de tout ça, prend son sexe et se le photographie en long, en large et en travers, pour essayer de comprendre ce qui peut bien plaire aux femmes.

Un qui décortique son pénis en expliquant à la jeune fille les fonctions de chaque détail.

Un qui croit que si une femme voit son sexe, elle va partir en courant. Et si elle ne part pas, c'est qu'elle n'ose pas. Et si elle n'ose pas, c'est qu'elle n'est pas franche, et il n'a rien à faire avec elle.

Un isolé : « Quand l'amour est comme un bâillon sur la bouche, à qui en parler ? »

C'est la reine de la fellation : « Je connais leur corps aussi bien qu'eux : entre une bouche et ma main, je peux te jurer qu'ils ne peuvent pas faire la différence. »

Il pérore que ça doit être extraordinaire et très excitant d'être un homme objet. Quand ça lui arrive, on le casse.

Effarement devant l'aide qu'ils ne s'apportent pas les uns les autres.

Éjaculateur précoce. On lui explique que ça n'est pas grave, mais il précise qu'il jouit là, tout de suite, avant même de rencontrer une fille.

C'est quand même un peu grave.

Au moment de faire l'amour à une brune, il pense « contrôle boîte noire », il pense « informations qu'on n'avait peut-être pas », il pense « inconnu », donc ne peut pas.

Pas grave.

Ou bien grave.

On ne sait plus quoi leur dire.

Il n'est pas impuissant, puisque que tout seul il y arrive.

Pour cacher son impuissance, il monte une histoire comme quoi il est terriblement romantique. Ce qui lui permet de découvrir au passage que les femmes, elles, ne le sont pas souvent.

Il se bourre la gueule, comme ça, ça fait je ne bande pas à cause de l'alcool.

Il engueule son sexe, mais « N'a qu'un œil » n'est pas souvent pressé de répondre, figure-toi.

Ces pauvres égarés pour qui faire une confidence, c'est dire un truc dégueulasse.

La femme qui, pour être l'égale de l'homme, se place aussi bas que la vulgarité de certains.

Elle me raconte que pour se motiver au moment d'avaler le sperme, elle s'imagine que c'est la formule longtemps cachée de Coca-Cola.

Elle lui dit que, même n'étant plus amoureuse de lui, elle aimerait le revoir de temps en temps. Il demande pourquoi. Elle répond : « Devine. Pas pour prendre un café. »

Celle-ci croit que ça n'est ni raciste ni vulgaire d'énoncer avec voracité : « Je ne peux m'envoyer que du blackoblack. »

Celle-ci, qui me dit : « Je les attends au tournant, et ceux qui deviennent vulgaires au lieu de rester grivois, sois certaine que je ne coucherai pas deux fois avec eux. »

Me voilà rassurée.

Elle a eu sept amants ce mois-ci, et elle sait mieux que personne les limites de cette liberté : « Je fais du mur. »

Et dis, voici que baiser aussi est décevant. Le

sexe de l'homme ne la comble pas. Pour bien faire, il faudrait qu'il entre et qu'il ne bouge plus.

Ce collègue, les ongles rongés, pose sa main sur ma cuisse et dit : « Heureusement, le corps ne se pose pas toutes ces questions. »

Je les dérange.

Je ne fais aucune réflexion, mais je les dérange.

Cette amie qui me dit : « Fucker, c'est fucker. Tu nous emmerdes. »

Elle ne dit plus « baiser », mais « fucker », ça passe mieux.

Elle pense vivre à fond les hommes parce qu'ils lui font tout le temps l'amour.

Elle me dit que les choses sont claires : « Les hommes savent que je suis là pour baiser, sinon qu'est-ce que je ferais avec eux ? »

Ils me fusillent quand je pose une question. Notamment le fait que la sexualité, sous prétexte qu'elle est naturelle, ne soit pas sacrée, je voudrais bien qu'on me l'explique.

« Fais un peu l'amour sans amour, et tu comprends tout », me dit-elle. Je suis d'accord. Mais c'est un lapsus. Elle voulait dire : « Fais un peu l'amour sans amour, et prends tout. »

J'expose mon cas : ce que c'est que de faire l'amour avec amour, le savoir même si ça ne vous est jamais arrivé.

Inquiète, elle me demande si, pour mon livre, j'ai pensé à acheter, chez Marabout, *Comment faire l'amour à un homme*.

Conversation sur l'intimité. Il dit parlons du monstre de chaque personne, qu'on voit quand on l'approche. Je dis parlons du trésor de chaque personne, qu'on voit quand on l'approche.

Nous divergeons.

Finalement, ils veulent bien me mettre dans

la catégorie « poète. » Au fond, c'est ce qui me correspond le mieux. Mais alors, c'est la catégorie « femme » qu'ils me retirent.

Choisis.

Ils disent que si j'allais davantage vers les corps, je tomberais davantage amoureuse.

Mais celle-ci, call-girl : « On ne tombe pas amoureuse, les gens sont trop prêts. »

Ah ! Ce qu'une autorité affirme, ils ne le discutent pas.

Ils se récupèrent, ces salauds : « Tu vois, tout vient toujours confirmer qu'une call-girl a raison. »

À propos de promiscuité : quand il est dans les bras d'une femme, il est au plus près. Il fusionne, voilà, tu comprends ? En revanche, dès qu'il bande, tu peux considérer qu'il y a déjà une distance de prise. C'est ça que ces folles ne veulent pas comprendre.

L'amant est magnifique, un vrai joujou tout

lisse et même la capote a l'air incorporée. Il se penche comme un jouet, articulé. Elle est maintenant sur ce lit exactement à la manière des mannequins dans le magazine *The Face*. Et puis soudain, c'est la catastrophe : Ken a une haleine.

Seulement, crois-tu que ça les arrête ?

Rien ne les arrête.

Vingt ans de partouze, et elle se met au régime pour la grande occasion : « Si je ne rentre pas dans ma robe, mon mariage sera le pire jour de ma vie. »

Il a raison : d'une certaine manière, elle et lui, c'est un vrai couple, puisqu'ils sont toujours ensemble, même quand ils baisent avec d'autres gens.

Cette soirée échangiste où cette femme, la quarantaine, des yeux de lapin pris dans des phares, n'ose pas dire qu'elle a le cou tordu et que la position lui fait mal.

Sortie de back-rooms : il est sur le boulevard, avec son costume, encore son cartable du travail, et un peu de sang qui lui coule dans le pantalon. Il a mal et sur le banc, il pleure. À ce couple inquiet qui s'arrête, il dit : « C'est rien, je sors de réunion. »

Il essaie de lui vendre l'idée que, quand deux femmes font l'amour entre elles devant lui, c'est trois fois plus beau.

Cet homme, qui se croit libre, parce qu'il dit à sa petite amie : « Sans blague, tu n'as jamais fait l'amour avec une femme ? »

Maintenant, c'est clair : il ne peut plus du tout éjaculer s'il n'y a pas aussi trois spectatrices assises, un peu transpirantes, sur des tabourets de plastique orange thermomoulés, modèle Diabolo.

Tous les soirs, il se connecte sur des sites de cul. Il y rencontre une jeune femme, et me demande si, à mon avis, Féline de Mogador, c'est son vrai nom.

Il me décrypte ce qu'on est en train de lire :

« Tu vois, c'est très facile : quand les gens disent "Je suis en quête de tendresse", ça veut dire qu'ils ne sont pas sados. C'est un code. »

Son fantasme à lui, c'est aimer. Et il admet que c'est tout à fait dingue. Et ayant dit cela, il se retrouve acculé à rassurer l'assistance : « C'est pas fait pour être réalisé. »

Une tristesse que je leur vois. Quelqu'un me dit : « Que tu imagines ».

Tu parles.

C'est lui l'initiateur de cet esprit de partouze qui règne sur leur couple, et elle, elle s'adapte, parfois en prenant sur elle, cas de le dire. Un jour de crise, il lui révèle qu'elle a mal compris. Il cherche plutôt quelqu'un qui le tire de là.

Il sait que personne ne viendra le sauver ici dans la jet-set : « Je suis lucide : c'est pas Médecins du Monde qui va venir ici me balancer de l'amour. »

Il attend que quelqu'un lui dise « Ça n'est pas bon pour toi », à tout ce qu'il fait de mal.

Il veut rencontrer quelqu'un comme moi.

C'est vraiment pas de bol.

Un soir, à la télévision, je tombe sur un spécialiste mondial de l'industrie pornographique, et je crois me souvenir que, autrefois, lui et moi avons eu une liaison.

Ils cherchent des gens pas détraqués, parce que c'est beaucoup plus excitant. Y a un challenge.

Ce vrai fou dans une boutique d'articles en cuir naturel. Il touche un sac, et demande à la vendeuse : « C'est beau, ça. C'est quelle partie du corps ? » Elle fait encore mine que la question est normale. Lui : « C'est de la fesse ? »

C'est le soir, en général. Une jolie femme sur un vélo, et il roule à sa vitesse dans sa Volvo. Elle finit par tourner la tête, intriguée. Il ne fait rien, pas d'agression verbale, il attend juste qu'elle voie ce qu'il y a à voir. Le plaisir est pris dans la stupeur de la fille. Elle est saisie. Hélas, il y en a, de vraies salopes, qui remontent vers son visage.

Celui-ci, en phase maniaque, il prend une fille assez rêveuse et il l'aime. Et après, il redescend et il la détruit.

Tout ça, au fond, est à leur niveau.

Il n'y a que quand on les aime que ça les dépasse.

Il rompt : « Écoute, on arrête. Ça me dépasse. »

Même ce grand psychiatre est complètement dépassé devant son couple désagrégé : « Il y a un dysfonctionnement. »

Et cet homme. Il ne savait pas comment dire à quel point tout chez lui était vicié, et moi, je ne savais comment dire que j'avais deviné et qu'il était pardonné. La façon dont je le berçais contre mon cœur, malgré tout ce qu'il m'avait raconté. Ça le dépassait.

J'essayais de le rassurer : « Aie confiance et lance-toi. Le pardon pourrait bien venir d'une femme que tu n'auras pas offensée. »

Ça le dépassait.

De toute manière, quand on leur pardonne quelque chose, là ils ne comprennent carrément plus rien.

Ces gens à qui on suggère de pardonner, et ça les rend fous.

J'ai eu un tel plaisir à pardonner que, à la limite, ça valait le coup d'être trahie.

Cet homme, une femme l'a quitté, et il n'arrête pas de rédiger la lettre amère qu'il compte lui envoyer. Je lui propose d'écrire simplement : « Merci en tout cas pour ces trois beaux mois passés dans la lumière », il s'effondre.

À la plage, cet enfant qui a interdiction de se salir. Il saute à pieds joints dans une flaque, et se coupe le pied sur un coquillage. À sa mère, qui approche : « Pardonne ! » Elle en fait une crise de nerfs, de la sottise de cet enfant.

Il demande pardon à sa femme pour le mal

qu'il lui a fait. Il n'aurait pas dû, après avoir dansé avec cette fille, partir avec elle au fond du jardin. C'est vrai que ça laissait penser qu'il allait se passer quelque chose. C'est vrai aussi que, d'une certaine manière, ça l'amusait peut-être que les gens aient ce doute. On a tous un petit narcissisme planqué quelque part. Il a été minable. Il a trahi la confiance qu'elle met en lui. Allez, ça ne va pas chercher bien loin et on ne va pas faire des histoires pour si peu, non ? Pardon, pardon. Elle ne le prend pas sur ce ton : « Pardon ! Pardon ! Tu me fais rire. C'est comme si Hitler disait : "L'erreur est humaine !" »

Quand tout est fini, quand c'est réellement compromis, quand la femme est fâchée, déçue, qu'elle dit les paroles fatales « j'en suis bien revenue », « on ne m'y prendra plus », c'est là qu'il commence à jouir, et à se battre, et à attendre qu'on lui pardonne, pour une fois vraiment au bord de l'amour.

Lui, il pardonne systématiquement, et après, comme ça, il se détache.

Puisque ses parents l'expédient au catéchisme, il exige en retour amour et forces du pardon dans toute la maison. On le retire du catéchisme, si ça doit le rendre invivable.

Le voilà, leur univers.

Ils font tout mal, et après ils ont mal.

Et les voici de nouveau sur moi : « Montre ton livre. »

« Lis-moi des passages au téléphone, je suis au fond du trou. »

« Donne-moi des idées de livres à lire qui parleraient d'amour... »

« Dis-moi comment tu vois les choses... »

Ils sont perdus.

Celui-ci qui ne comprend pas : une femme qui ne manque de rien, et elle veut l'amour !

Celle-ci à l'analyste lors du premier rendez-vous : « Je manque d'amour. Voilà : vous êtes content ? »

Leur plainte.

Leurs échecs, impuissances, frilosités, fatigues ignobles, ça joue comme une dette contractée auprès de la vie. Et c'est l'idée des larmes qui leur fait penser qu'il faudrait l'éponger, cette dette.

Il y en a, c'est la banque.

Eux, c'est les manques.

Ça lui manque, une personne aimante : là, elle le pousserait dans l'eau en poussant des cris. Alors que pour le moment, il reste avec la mer jusqu'à la taille, pathétiquement en sécurité.

Elle est partie avec un autre. Alors que lui il est ici. Et ici c'est sale, ici c'est sombre, ici c'est sordide. À part les ordures et les rats, ici personne ne vient jusqu'à toi. Non, c'est clair maintenant : à la décharge publique, on manque d'amour. Même s'il y a la fameuse prime.

Ces temps, la clope au bec, échevelée, elle agresse tout le monde. Elle en parle volontiers : « J'en manque, alors j'en donne pas. »

Il définit bien le manque : il dit que la seule vraie drogue, c'est l'amour, et que ceux qui doivent se contenter d'héroïne le savent bien.

On croyait que sa vieille mère était mourante, il n'en est rien. Elle me dit : « Ce vieux chameau manquait simplement d'amour. »

Il en manque : « Sais-tu ce qu'est une carence ? Je vais te dire ce que c'est. C'est plus terrible encore que tu ne penses. Y as-tu déjà seulement songé ? Alors écoute, et dis-moi si ça n'est pas le pire qui puisse arriver à un être humain. C'est : on te témoigne de l'amour, et ça te paraît aussitôt disproportionné. Tu comprends ? »

La force avec laquelle je comprends, c'est ça le pire.

Elle se demande pourquoi la phrase « Mais si l'on a manqué sa vie... » dans la chanson *Les Passantes*, chantée par Brassens, la touche depuis l'enfance.

Me touche depuis l'enfance.

Quelqu'un que je ne connais pas m'assure qu'un jour, je me marierai. Même moi. Même en blanc, qui m'en empêche ?

Il y aurait cette solution. Ne désespérons pas.

J'ai fui tous les mariages qui se sont présentés, mais bon.

Vraiment, le mariage, c'était au-dessus de mes forces.

Six mois avant la cérémonie, elle pense déjà à chaque détail : « Vous, les célibataires, vous servirez de témoins, ça vous inclura. »

Les pauvres gens, je ne voulais même pas être témoin de ça.

Je disais, très cruellement sans doute : « Pourquoi je serais témoin... puisque, après tout, moi je n'ai rien vu ? »

Ah mais j'ai été odieuse.

J'avais l'impression qu'on m'invitait à un mensonge avec le plus de gens possible pour s'en convaincre.

La pression sociale était là, belle pivoine ouverte, et pourtant les pivoines sont mes fleurs préférées.

Je n'ai eu aucune générosité.

Alors qu'on peut en avoir : cette mère sait que le mariage de sa fille sera de courte durée. Elle ne fait aucune réflexion. Elle décide de regarder tout ça avec amour, pour qu'au moins il y en ait.

Pourquoi je ne peux même pas faire ça ?

J'ai honte de ma limite avec le mariage.

J'ai toujours pensé qu'à mon propre mariage, eh bien tout simplement je n'irais pas.

Je ne voulais pas me marier, je disais : « Le mariage, c'est sacré. »

Et puis ce petit garçon qui me fait douter de tout : « Si toi qui me connais par cœur, tu ne veux pas m'épouser, c'est pas bon signe. »

Ce petit garçon, encore : « Dis-moi combien de temps tu vas rester avec moi, et si ça fait beaucoup. »

Ils me demandent de les mettre dans ce livre. Ils se marient dans un monastère catholique à Beyrouth. Ne le disent à personne. Leur pays : l'intime à perte de vue.

Je les mets dans ce livre, parce que écrire sert aussi à marcher dans Beyrouth où on n'ira jamais. Avec un époux qu'on n'aura pas. J'en sais maintenant quelque chose.

Si j'aimais quelqu'un, je l'épouserais.

C'est très important, ce que je viens d'écrire.

Je le sais, que c'est un engagement.

Et je le sais, que je peux aimer jusqu'à la mort.

Souvent, leur foi dans la cérémonie du mariage, au lieu qu'elle soit dans la spiritualité.

Le mariage religieux, c'est comme un chant qu'on élèverait pour eux très haut, dans la mesure où eux seraient infichus de l'élever si haut tout seuls.

Cette cousine qui voulait un mariage religieux, à l'église, avec la grande nef. Le prêtre lui demande de creuser ses motivations. Elle s'étonne. Quand je lui dis que cet homme a la foi, qu'à cause de ça il ne fait pas l'amour, et qu'il faut peut-être comprendre son niveau d'exigence, elle me répond : « Tu as raison, ça l'a rendu maboule. »

Elle s'est mariée trois fois, et s'apprête à le faire une quatrième fois. Si on l'épouse, ça la rassure, ça veut dire que c'est pour la vie.

Une victorieuse. Elle m'annonce leur prochain mariage : « Il a dit oui ! »

Pas comme celui-ci qui se tient assez disponible au bar de la plage : « Je ne peux absolument pas tomber amoureux, je me marie dans un mois. »

Toi, pour le coup, tu me dégoûtes.

Parfois, c'est assez drôle. Notamment, on rit bien à ce mariage où le maire, qui est en instance de divorce, énumère tout ce que les époux se doivent mutuellement, exaspéré.

Sous le voile blanc, la Philippine se vexe : elle ne sait pas que, en France, on jette du riz aux jeunes mariés. Que ça n'a rien de méchant.

Celui-ci, qui cesse immédiatement d'aimer cette femme, au seuil de l'église, quand il comprend qu'elle a un gros délire avec sa traîne, et que le reste, elle s'en fout, là, pour le moment.

Ceux-là, ils le font, le coup de prendre des témoins au hasard dans la rue à Las Vegas. Alors au début, c'est même assez alternatif, réellement personne ne connaît personne, et puis ça devient insupportable : au moment où ils s'embrassent, la mariée craque. Il y a son témoin qui lui met la main aux fesses.

Les deux tragi-comiques dans la grande mairie du septième arrondissement, à Paris. Eh bien non, elle ne veut pas le prendre pour époux. Et oui, elle était obligée de venir là le dire à la mairie, devant les témoins, avec tout le monde dans son dos. S'il n'y a personne pour la protéger, il la dérouille.

Ou lui, furieux à Ménerbes contre un coin du rempart. Il ne veut pas y aller. Elle l'a forcé. Elle n'arrêtait pas de demander. Elle devenait ingérable. Elle ne voulait plus faire l'amour. Elle faisait la grève comme un conducteur de train. Adieu tchou-tchou. Plus le fait que ces derniers temps, elle se mettait des alliances jusque sur les lobes d'oreille et passait régulièrement un doigt dedans. Pure provocation. Plus le lobby, les questions des amis, bientôt des exhortations. Il a dit oui. D'accord, je me marie. Oui, oui, oui. Mais aujourd'hui, jour de la cérémonie, l'angoisse le jugule. Ses amis lui parlent, on l'épaule. Il se laisse convaincre, au moins par les amis. Il se met un petit écouteur dans les oreilles avec une musique qu'il aime et avance dans la nef, à son rythme. Ça va déjà mieux. Le prêtre voit le fil qui dépasse et demande aussitôt s'il est malentendant. Il n'ose pas répondre qu'il voudrait bien. Il dit que oui, oui, oui, il est sourd. La future mariée est surprise. Du coup, il se sent obligé de retirer l'écouteur. Du coup, quand le prêtre lui demande s'il veut la prendre pour épouse, c'est en hurlant pour qu'il entende.

Et, c'est bien logique, les voici mariés.

Il leur faut Venise à cette occasion.

Une fois, je veux emmener une amie à Venise. Elle décline l'invitation : « Ah non, Venise, il faut y aller avec quelqu'un qu'on aime. »

Cet homme qui m'avait invitée à Venise, mais voulait que je paie tout, pour que ça ne soit pas une mascarade conventionnelle.

C'est vrai qu'ils détériorent les gondoles avec leur conformisme.

Venise : ils trouvent que ça ne sent pas bon.

Venise, ils trouvent qu'on dirait un décor, sauf que c'est juste eux qui jouent déjà la comédie.

Alors que voici Venise selon moi :

Ma tante (soixante-seize ans) et moi (trente-six ans), une fois, nous suivons discrètement un couple dans les rues de Venise pendant toute une journée. L'homme est splendide. De temps en temps, la femme se retourne, et elle fait des réflexions à son époux pour qu'il se retourne, qu'il voie qu'elle ne rêve pas, qu'ils sont suivis. Lui ne se retourne pas. Il se contente, la tête oblique, de sourire tout au long de la journée.

Lui, c'est un vieil aristocrate. La norme, ça fait des siècles que c'est ce qu'il invente à partir de son élégance. Son monde tire à sa fin. Tout se délite. Elle, c'est une fille d'émigrants arméniens. Ils se rencontrent sur l'embarcadère à Venise, où tous attendent le vaporetto. Il lui dit qu'elle a fière allure et que s'il était plus jeune... il montre les mains tavelées, le dos et la paume, il désigne son visage en plissé Fortuny, sa stature qui se déglingue. Il montre que leur amour est impossible. Et elle, elle vient s'asseoir à côté de lui sur le petit banc, et pose un baiser sur son front. Elle l'anoblit.

Ils se délectent du passé, ce vieil homme et cette vieille femme, assis enlacés contre un muret de Venise, en pensant à toutes les fois où ils ont cru leur amour impossible.

Le gondolier voulait me sauter. Sidéré de me voir rentrer en crawl.

Il vit à Venise, dans le Dorsoduro, face à ce canal méconnu par où passent les cargos. Il a un des rares grands jardins de la ville, les fenêtres de sa chambre qui donnent sur un figuier, son Riva attaché en bas, une terrasse de pierre, et deux petits anges de marbre, la tête dans le cou, qui surplombent le mur de sa maison, et une femme aimée dans les parages. Alors il me dit : « D'ici, je ne peux pas juger. »

La petite Vénitienne trempe ses pieds dans la lagune. L'Allemand réitère : « Ce serait tellement plus simple que tu apprennes l'allemand et que tu viennes vivre à Düsseldorf. »

Ma tante Araxie consignait sur des carnets

tout ce qu'elle aimait. Avril 1969 : elle note 230 rues de Venise.

Quelqu'un me dit si bêtement : « Venise, on en revient. »

Leur complainte : « Ça ne peut pas être tout le temps comme au début. »

Sur le fait que ça puisse être encore mieux, après le début, ils te regardent avec la mâchoire qui pend.

Les années passent.

Parfois très peu d'années.

Ça peut aller très vite.

L'alliance, il ne la porte pas, sauf pour quitter une maîtresse.

Treize ans de mariage. Un matin, il retire son alliance et, comme elle lui en fait la réflexion, il dit : « On n'est pas mariés, non plus. »

Il a plusieurs alliances qu'il offre comme ça à droite à gauche, avec un air d'importance.

Elle compte le quitter, mais comme il vient d'hériter, ils doivent d'abord acheter une maison à deux.

Cette femme dans le Concorde : « Bien sûr, il m'entretient, sinon je ne peux pas vivre. »

L'épouse à l'époux : « L'adultère, c'est quand tu te conduis comme un enfant. »

Sa femme lui dit : « Tant que tu ne tombes pas amoureux, tu peux bien faire toutes les cochonneries que tu veux. »

Salopes.

Une vie de compromis, et pourtant il y a même des gens pour trouver qu'il a eu du courage.

Lui, autre climat. Il a cessé d'aimer sa femme en 1982, et il lui a encore fallu vingt autres années pour s'en rendre compte. Voire, maintenant que c'est sous son nez, ça n'est pas gagné.

Elle le hait. Alors maintenant, c'est nouveau. Il ne lit plus le journal. Il reste des heures étendu sur le lit, à écouter des chansons d'amour.

Ils se trompent une fois en se mariant sans s'aimer, et ensuite pour se sortir de là.

Il la trompe et il le lui dit, comme ça il est élégant deux fois.

En partant de chez elle, cet homme marié lui enjoint « Et surtout, sois discrète », voilà pourquoi elle décide de ne pas lui dire que le dos de son pardessus est couvert de poils de chat.

À la radio, cette publicité qui pose clairement qu'un homme trompe sa femme, et que ça n'est pas grave puisque grâce à 3617 code ANNU cette dernière a maintenant moyen de savoir avec qui.

Elle suppose que son mari a une maîtresse. Elle le lui souhaite.

En Crète, ce vieil homme debout sur le toit de sa maison, et qui l'arpente. Il a un turban noir, et un coquelicot coincé dedans. Les touristes le prennent en photo. Le cafetier dévoile que, en fait, c'est un dangereux jaloux qui surveille les allées et venues de sa femme depuis le toit.

La jalousie comme preuve d'amour, et cette dinde, dans une émission de télévision, qui appelle pour témoigner, toute fière.

Eh oui, c'est une vraie tigresse, cette conne.

Ce bel homme dont elle était folle, et qui la torturait : « On va jouer à regarder les femmes avec qui je pourrais avoir envie de baiser. »

Derrière le potager, il parle à ses poules : « Vous vous battez comme des chiffonnières, alors que je vous aime toutes les trois. »

Cette folle de jalousie qui lui demande : « Si tu me trompais, ce serait avec quel costume ? »

Au moment de mourir, il demande à la voir

en faisant croire que c'est pour obtenir son pardon. En fait, pour la torturer une dernière fois en lui demandant avec quel genre d'homme elle le trompera, maintenant qu'on n'en est plus à mettre le conditionnel.

Leur douleur.

Elle revoit son couple à la lueur de l'analyse : « C'est vrai aussi que quand j'étais heureuse, il me disait : “N'en rajoute pas.” »

Cet homme qui croyait que je l'aimais parce que je ne partais pas.

Qu'on la quitte, soit. Elle va au rendez-vous prête à l'inéluctable, déterminée, l'âme entièrement présente. Il se montre tout de suite un peu agressif et gêné, alors elle le prévient d'emblée : « Écoute, si ça n'est pas possible, ce sera dit avec amour. »

Devant la douleur de la rupture, il me fait part de ses impressions : « Et si je traversais tout simplement un purgatoire ? »

C'est depuis le début qu'il n'aime pas sa

femme. Voilà pourquoi il ne peut pas la quitter. En quel honneur, je te prie ?

Sur la fidélité : la cocaïne la fait renifler exactement comme si elle avait de la peine, alors il ne la quitte pas.

Mauvaise ambiance : la femme qu'il n'a jamais aimée vient de s'en rendre compte, là, au moment de la rupture.

Il dit à sa femme qu'il ne l'aime plus, persuadé qu'ainsi la vie va changer. Qu'elle va proposer une séparation, un aménagement, une clarification de la situation, bref qu'elle va marquer le coup. Ce sont les femmes qui prennent le plus souvent la décision de divorcer. Il l'a lu. Or, rien de tout cela ne se produit. La femme continue comme si de rien n'était. On dirait qu'aimée ou pas aimée, elle s'en fiche. Il lui dit alors qu'il en aime une autre. En général, les femmes détestent qu'on leur dise ça, et elles demandent immédiatement depuis quand, et si elles la connaissent, etc. Celle-ci ne moufte pas. On dirait que préférée ou pas préférée, ça n'est pas son problème. Il lui dit « Je ne peux plus dormir dans le même lit que toi, tu me dégoûtes », eh bien imagine-toi qu'elle peut le comprendre : aucun succès non plus de ce côté-là. Tant et si bien qu'un soir, il part. Dès le matin suivant, toute la ville sait que ce fuyard est parti du jour au lendemain.

Il la quitte avec tact : « Déjà, au niveau de mes deux grands-pères, de mes oncles et de mes tantes qui se sont entre-tués, de Frisquette qui était partie en Argentine avant la guerre en laissant un nourrisson, de Ferdinand le cousin de Lyon, une ordure avec tout le monde, des parents de Janine qu'il fallait séparer avec une bêche, on a là toute une génération de gens qui ne s'aimaient pas. »

Il monte à la station Pasteur : « Je vous garantis qu'à quarante-huit ans, même dans le pire de mes cauchemars, je n'aurais pas imaginé perdre le travail en plus de l'amour. »

Elle me parle du grand courage qu'il faut pour mettre au pied du mur quelqu'un qu'on aime et qui va vous dire non. Et ô combien ce courage est nécessaire si on veut avoir une chance d'entendre un oui.

C'est la fois où je pleure tant que je perds la vue, et lui il reste là, avec son envie de fuir.

Ça fait vingt-sept ans qu'elle menace de se tuer s'il part, par conséquent il a le temps même de désirer que, en effet, ça se produise.

C'est tellement banal. Elle vient de concevoir qu'il n'en a rien à faire d'elle, et je la trouve devant sa prise de conscience, toutefois c'est son erreur qu'elle contemple, bras ballants : elle me demande comment on peut se tromper au point de croire que quelqu'un vous aime ?

Ce qu'il dit maintenant devant l'amour de cette femme : « Ouh là ! Il faut que je me sauve ! »

Cet homme, qui me disait adieu dans un restaurant japonais : « Il faut que tu comprennes que si j'aimais quelqu'un, ce serait toi. »

Il est déjà marié, qu'est-ce qu'il peut faire ? Éventré, il regarde s'éloigner la femme à qui il vient de dire : « Écoutez, tous les matins je me lève heureux, alors n'insistez pas. »

L'état dans lequel on est quand on a quitté quelqu'un, et qu'on attend qu'il revienne.

Et celui-ci, inconscient d'attendre : « Quand je dis que c'est fini, c'est fini. J'aimerais bien voir qu'elle revienne ! »

Cet homme devient fou : elle ne veut pas le revoir tant qu'elle l'aimera encore.

Celui-ci ne fait qu'écrire des lettres pour dire à cette femme à quel point il a conscience que la rupture est définitive, et est-ce qu'on ne pourrait pas se voir pour en parler, justement, d'à quel point c'est terminé, terminé, terminé ?

Elle roule aveuglée de larmes. Quand les policiers l'arrêtent, ils ont honte de faire leur métier. Ils refusent de verbaliser. Ils ne savent plus quoi faire devant quelqu'un qu'on a abandonné. Il y en a même un qui dit qu'on peut rouler vite, dans certains cas extrêmes.

J'avais tellement souffert que je me promettais, pour la prochaine fois, la mise en place d'un système de barrières, en lignes de protection.

Et je disais : « Il ne peut pas revenir, j'ai tout fermé. »

Six mois après la rupture, il tente une dernière méthode, il écrit : « Adieu. »

L'IRM le confirme. Il a une tumeur sur le poumon, du côté du cœur. Puisqu'il reconnaît que ça l'oppressait, le médecin lui demande pourquoi il n'a pas consulté plus tôt. Il répond : « Une femme m'a quitté, alors je croyais que c'était juste de la souffrance. »

Il laisse ce message sur son répondeur : « Indépendamment du fait que tu ne m'aimes pas, ce que je peux parfaitement comprendre, pourquoi ne plus se voir ? »

Au départ, il comptait se draper dans son malheur. Mais avec un mouchoir, tu ne vas pas loin.

Ça plaisante moins, au CHU Henri-Mondor, quand non seulement l'anesthésiste vit un chagrin d'amour, mais en plus perd le sommeil.

Elle met des photos de lui sur son frigo. Au moment de la rupture, elle les retire. Elle découvre que son frigo est mieux avec des photos, sinon il y a un vide.

Au bout de trois ans, sept mois, dix-huit jours, et bientôt vingt-deux heures, encore heureux qu'il l'ait oubliée.

Échec de Laurent qui voulait se trouver une petite amie sans importance pour oublier la femme qu'il aime.

À l'époque où je suis le plus seule, c'est moi que cette amie choisit pour entendre sa plainte : « Si je le quitte, je vais me retrouver seule comme toutes ces connes. »

Il lui dit : « Tout ce que je te demande, c'est de ne rien dire aux amis ni à la famille. Et s'ils nous demandent si on est séparés, tu dis non. Ils ne vont pas venir dans nos maisons pour vérifier ! »

Lui et sa femme ont préservé les apparences pour que leur fils ait une vraie famille. Et voici que ce fils a vingt ans et leur dit qu'un couple, selon lui, ça n'est pas ça.

Cet ami devient fou, parce qu'elle est partie : « Je suis obligé de me demander si je l'aimais. »

Quoi dire pour qu'elle revienne ? Il lui écrit : « De quel droit est-ce que tu ferais mon malheur ? »

Celle-ci m'informe qu'elle va mieux : « Je l'oublie, je ne veux plus voir que des gens qui le détestent. »

Une phrase comme celle-là, il faut le savoir, m'empêche de dormir.

Me fait vomir.

Cette furie, une pension alimentaire de 10 000 euros par mois : « On n'a pas besoin des bonshommes. »

Me fait vomir.

Une mère, devant le divorce de son fils : « On ne quitte pas ses enfants, alors pourquoi on quitterait un homme ? »

Cet ami, plaqué, et qui a cette franchise : « Me faire ça à moi ! »

Il ne l'aime plus. Elle me demande : « Parce que toi, tu trouves ça normal ? »

Elle ne l'aime plus. Il lui dit : « Je te signale qu'il y a des règles. »

Il est livide : « Je ne suis pas dans un truc de rancune, mais presque. »

L'homme qui l'a quittée, eh bien elle connaît quelqu'un qui peut lui faire très peur avec un couteau.

Ce garçon à qui j'essaie de faire comprendre qu'il peut continuer d'aimer cette femme, même si elle ne l'aime plus.

Ils sont hébétés devant la solution, parce qu'ils vivent dans le problème.

Je lui parlais, au fond de sa douleur : « Et si, au lieu d'attendre, tu te contentais de patienter ? »

Celui-ci me dit : « La position de l'attente

est insupportable. » Je ne réponds rien. Il demande : « Tu ne trouves pas ? »

Comme je n'avais plus l'air d'attendre, les gens ne se rendaient pas compte que j'espérais.

Elle souffre, mais elle relativise : « Tu vois, avant, j'aurais été capable de rester dans cet état comme ça pendant trente ans. »

Dix-neuf ans : ça lui fiche bien les boules que son histoire la plus longue n'ait duré que cinq ans.

La dernière fois où il est question d'argent entre eux, c'est quand il paie pour partir.

Il lui téléphone pour lui dire qu'il l'aime. Elle répond « allô ! » d'un ton un peu trop enjoué, et il raccroche aussitôt.

Il propose son amitié en guise de rupture. Mais elle : « L'amitié, qui ça intéresse quand on aime ? »

Lui : « L'amour ! L'amour ! C'est quoi

l'amour ? ». Et elle : « Ouais ben, en tout cas, c'est pas "Je t'adore mais"... »

Leur vie est foutue.

Comment ils limitent l'amour à la stricte vie.

Alors que la petite-fille de Stan Getz dit que la pureté de Stan Getz, de temps en temps, la traverse.

Alors qu'Alix me dit : « J'aime un mort », en parlant de Malraux.

Et moi, pendant qu'absolument tout le monde me croyait seule dans mon chagrin au milieu de ce cimetière, je réalisais la part d'amour que les morts vous laissent.

Et moi, pendant que tout le monde me croyait seule dans la vie, comment l'amour circulait dans mes veines.

Ce que je ressens quand le vieux chat ronronne sous la caresse, alors que ses muscles ont fondu, et que sa fin est proche.

Elle vient de perdre sa mère : « L'amour limité à la stricte vie ? Écoute alors ce que j'ai à te dire. L'agonie : c'est attendre que la personne meure en pensant à elle. Où places-tu ça ? Qu'en fais-tu ? »

Dans la petite salle spéciale de la morgue, l'amour circule entre cet homme et elle, à tel point qu'elle a peur qu'il se réchauffe et fonde.

Une des rares fois où il touche sa mère, c'est à l'hôpital : vu son état, si on ne la touche pas, elle ne comprend pas qu'on est là.

Sur la civière, elle est tout au monde pour ce sauveteur qui lui pompe les poumons en criant : « Je suis en train de la perdre ! Je suis en train de la perdre ! »

En attendant les secours, il faut faire parler cet homme, afin qu'il ne perde pas conscience. Le paysan essaie « Où alliez-vous ? », « Est-ce qu'il y a des gens à prévenir ? », « Comment vous sentez-vous ? », ce genre de choses. Le blessé, lui, fronce les sourcils. Tout ça le fait souffrir, déjà qu'il a mal. Il ferme même les yeux comme quelqu'un qui va perdre conscience.

Alors le paysan, devant la situation absolument impérative, se décide à caresser la joue du blessé, et réessaie, cette fois-ci tout amour : « Et où allais-tu comme ça, mon gars, en fonçant comme Superman ? »

Métro Ségur à Paris : voyant que la jeune femme est en train de s'étouffer, il l'attrape aux épaules, par-derrière, et la secoue le plus fort qu'il peut. Ainsi, il la sauve, et il descend à sa station, tandis qu'elle reste dans le wagon, pleine de souffle.

L'homme qu'elle aime est en train de mourir, et il lui conseille de vivre, en plus.

Chercheur en biologie, sa femme est emportée par un lymphome.

Sur son lit d'hôpital, elle doit rassurer et cajoler les visiteurs, parce que eux aussi sont au courant qu'elle va mourir.

L'organiste ne veut pas jouer ce lied de Schubert pendant l'enterrement, car c'est une chanson d'amour, donc ça n'est pas approprié.

Pendant la crémation, l'opérateur passe le disque d'Aznavour souhaité par la famille. Il se trompe de titre et au lieu d'entendre « Ils sont venus, ils sont tous là, elle va mourir la mamma », on entend « Il faut savoir quitter la table lorsque l'amour est desservi ».

À l'enterrement de cet homme, bien sûr beaucoup de monde. La veuve a beau ne pas trop regarder autour d'elle et sembler isolée derrière ses lunettes noires, elle remarque qu'à l'écart du groupe se tient la maîtresse. Elle se penche vers quelqu'un et prévient que la maîtresse n'entre pas dans l'église, c'est tout. On parle à la maîtresse, qui n'insiste pas, qui part s'asseoir sur un banc dans le square devant le presbytère. La cérémonie a lieu. On dirait qu'il manque quelque chose. C'est froid. Y a pas d'âme. Et soudain la veuve comprend. Elle sort hâtivement sans se soucier de l'assistance. Quelque chose à vérifier dehors et c'est bien ce qu'elle craignait, l'âme du mort est assise elle aussi sur le banc et papote avec la maîtresse comme si de rien n'était.

Les signes.

Je vis dedans.

Si la coccinelle s'envole, c'est qu'il m'aimera. Je me disais ça. Mais la coccinelle faisait comme cet homme, justement, elle restait immobile et comme morte au bord du vide.

Devant la mare, je consolais une amie : « Attends, quand le sable sera retombé au fond de l'eau, on verra peut-être encore de l'amour dans ton histoire. »

Le peintre Rothko a quarante-deux ans quand, pour la première fois, il tente une de ces toiles abstraites qui vont poser son génie. Et cela, ce père l'enseigne à son fils, pour qu'il comprenne que, parfois, la très très grande puissance de l'amour prend tout son temps.

Moi, je conseille en général d'attendre toute la vie. Et je souris : « C'est pas si long, en plus. »

Je lui conseille d'aimer par-dessus tout.

Que ça ressemble à quelque chose.

Comme normalement c'était fini, et que ça

repart, cette femme réfléchit : « C'est peut-être une histoire d'amour dans le désordre ? »

J'aime.

L'histoire de ma tante finit bien : « Et quand je l'ai revu, vingt ans après, enfin on s'est embrassés. »

Une autre tante. Un homme avait hésité quarante ans à la suivre et à l'aimer : il avait bien trop peur que ça dure toute la vie.

Une cousine, moins heureuse : île de Jersey, elle va chez la voyante et c'est pour une fois de plus lire le passé.

Il me la montre en photo, un visage tout d'authenticité, au front dégagé, un bandeau sur la tête, les bras brunis accrochés à quelque chose, à vue de nez un bastingage. C'est l'été. Elle regarde l'objectif avec une grande franchise. Elle est heureuse, elle a pleine confiance dans l'homme qui prend la photo. La bouche est joyeuse. Elle l'aime. Lui, il faut croire qu'il comprend ce que je détaille si longuement, car il me dit : « Je l'ai perdue : je ne voyais pas tout ça. »

Seuls m'intéressent ceux qui ont pensé à donner leur vie.

M'intéresse celle-ci qui se tient face à moi : « Je vais te dire ce qu'il reste de l'amour quand c'en est vraiment : tu fais ta vie, ça oui. Et dès que quelqu'un, ça peut être un inconnu dans un avion, ça peut être un intellectuel sur une radio culturelle, une conne dans une chanson, dès que quelqu'un parle d'amour avec élévation, et même si toi tu vis comme une blatte au ras de ton couple, tu montes à ce niveau où tu reconnais tout. L'amour est là, intact. Le cœur de l'autre est là, vraiment l'organe avec son tressautement magique. Le corps de l'autre est ouvert. Pas seulement les bras qui s'ouvrent, le corps aussi devient succession de portes et elles s'ouvrent les unes après les autres. Il y a un air. Et tu inspires, tu inspires, tu prends le maximum que tu peux prendre, le maximum que peut prendre quelqu'un qui a raté sa vie, et crois-moi, c'est énorme. »

Il en fait l'expérience : on dit n'importe quoi

sur les ruptures. La vérité, c'est que, quand les histoires sont terminées, l'amour bien souvent peut s'accroître tranquillement. Plus rien ne l'arrête, en quelque sorte.

Un profond silence entoure maintenant son amour. Ça ne le déprime pas. Il voit que ce silence, c'est le point le plus haut.

Ah, celle-ci qui soupire : « Je vais te dire : au point où je l'aime, que ce soit fini ou pas, ça n'a pas beaucoup d'importance. »

Je me raccroche aux âmes, quand j'en vois.

Toutes les âmes tendent la perche et on peut s'accrocher. Puis-je écrire une phrase pareille ?

Les barres asymétriques qui ont été toute ma vie de mes dix ans à mes quatorze ans.

J'étais au bord de voler.

Je savais que j'allais aimer.

Je me taisais.

Je te ferais remarquer que, quand quelqu'un demande : « Qu'est-ce qu'aimer, au fond ? », ceux qui savent n'osent pas répondre.

Sur la plage, cette vieille dame qui me devine : « Moi aussi, j'ai aimé un homme. »

Sa romance n'a pas duré longtemps : « C'est déjà beau d'avoir été visitée. »

Ou bien ma voisine, quatre-vingt-quinze ans, impotente. Ce qui l'a le plus stupéfiée dans la vie : « Par où passe l'amour quand on lui barre le passage. »

Ou bien, elle : seule au monde, elle s'achète une alliance et la porte. Si elle se marie, elle la retirera, c'est tout.

Ou bien, elle : il meurt, et elle porte les deux alliances. Un pouls bat dans la nouvelle. Au début, ça la réveille.

Je n'osais pas lui écrire : « Avant, je te regardais, maintenant je dois fermer les yeux pour te voir. »

J'ai pensé arrêter d'écrire.

Mais ça n'aurait rien donné.

J'ai tellement aimé cet homme que, à la fin, je voulais seulement qu'il vive.

On me disait : « Pendant que tu penses à cet homme, tu n'as pas de place pour un autre. »

C'était vrai.

Plus ils sont étriqués, plus ils font ceux qui veulent qu'il y ait de la place.

Souvent, j'ai fini par dire aux autres qu'à présent c'était tout à fait fini, que je n'aimais plus.

Les autres supportent mieux le mensonge que l'amour.

On s'en rend compte.

J'apprends qu'Aragon, après la mort de sa

femme, était redouté dans les dîners : il ne savait plus arrêter les histoires.

Je pense, à un moment donné de ce livre, c'est-à-dire ici vers la fin, que je suis peut-être de ceux qui vivront l'amour sans personne.

Cet ami, parti vivre au sud de Lisbonne, dans un petit fort face à l'Océan : « Je suis heureux. Je ne saurais même pas te dire à quoi je pense. Il n'y a plus que le mot "amour" avec plus rien autour. »

C'est exactement, à ce moment-là, la façon dont je vois ma vie.

Et puis, octobre, quelqu'un me rencontre.

Et je le laisse faire.

Alors tu vois.

Ce volume a été composé
par Euronumérique
et achevé d'imprimer en mars 2003
sur presse Cameron
par ***Bussière Camedan Imprimeries***
à Saint-Amand-Montrond (Cher)
pour le compte des Éditions Stock
31, rue de Fleurus, 75006 Paris

Imprimé en France

Dépôt légal : avril 2003
N° d'Edition : 32109. N° d'Impression : 031385/4.
54-02-5576/1
ISBN : 2-234-05576-8